経営気学コンサルが教える

人生の勝算を高める方法

株式会社ブルースリー
代表取締役社長 季世

種は
まかなきゃ
実らない

CrossMedia Publishing

目次

第2章　九星の基本と5つの星の関係性

第3章　九星の各星の特徴

第4章　九星の運行ルールと、時の流れを知る方法

0

はじめに
～本書を読んでわかること～

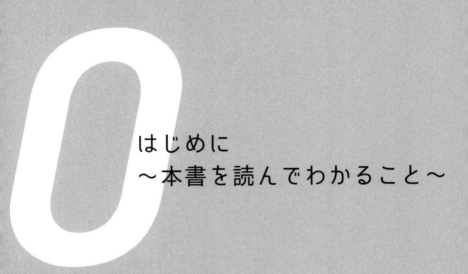

本書を手に取ってくださりありがとうございます。

私は、九星気学や易の考え方をベースに据えたコンサルティングを行う企業コンサルタントとして、経営者にプランをご提案させていただいております。

コンサルティングの具体的な内容としては、起業される方に向けてサポートプランをご提案したり、オフィスや店舗の家相を見て引っ越しのタイミングやレイアウトの提案を行ったり、採用や社員教育など人事に関するアドバイスを行うなど、多岐にわたります。月契約の場合は、月に1度の面会で、そのときの気の流れに合った経営になるようにお話をさせていただいています。

クライアント企業のニーズはさまざまです。これまで以上に経営をよくしたい方、理想に最短距離で近づきたい方、ご自身や会社の可能性をさらに拡大させたい方だけでなく、「このままでいいのか?」と迷いや違和感を抱いている方、軌道修正の必要性を考えていらっしゃる方もいます。九星気学の鉄則は「過去を見ないこと」ですが、回顧することで自己発見できることもあります。**自分を整理しながら、理想の着地点を探し、自然の流れに寄り添える生き方を見つけていきます。**

私がコンサルティングに入ると、平均で120%利益率が上昇。特に創業間もない企業や成長期のフェーズにある会社の場合は、売上が爆発的に上昇し、年商の桁が変わることも決して珍しくはありません。

このようにお話しすると、いったいどのような特別なことをしているのだろうかと疑問に思われるかもしれませんが、特別なことは何もしていません。私がしているのは、ただ、その社長の**運気の流れを読み、流れに乗ってもらっているだけです。**

本書を読んでわかること①
いますべきことが明確になる

日本に春夏秋冬があるように、人の一生の中にも季節のようなものがあります。行動的になり、何をやっても成功するときもあれば、いまひとつ気分が乗らないような時期もあります。

絶好調のタイミングなのに何も行動せずにぼーっと日々を過ごすのは、とてももったいないことです。逆に、新規事業を始めるタイミングではないのにスタートしてしまうと、うまくいかないこともあります。

九星気学の運気の流れ方にはルールがあり、基本的には下記のように流れます。

①【土づくりの年】スタートに立ち、土を熟成させて養分を蓄える時期
②【種まきの年】種をまく時期
③【発芽の年】まいた種が芽吹くとき
④【成長の年】努力が実り、発展するとき
⑤【剪定の年】さらに進展し、花を咲かせるために環境を整えるとき
⑥【完成の年】大きな花が咲くとき、充実した日々を過ごせるとき
⑦【実りの年】花が終わり、果実が実るとき
⑧【改革の年】果実が落ち、動きが止まり、変化が求められるとき
⑨【離脱の年】生き方の結果が表れるとき。次のステージに向けてこれまでのやり方や考え方をリセットするとき

「ホップ、ステップ」という段階を経なければジャンプできないように、運気は常にこのように動いており、流れが変わることはありません。つまり年間の流れで考えてみると、**次に同じ運気になるのは9年後です。**もし、今年種をまかなければならない

時期なのに何もしていないのだとしたら、次に種まきのチャンスが訪れるのは9年後になってしまうのです。

いま、この瞬間を大切に、いましかできないことを行うことで、実りの多い人生を送ることができます。そのためには、自分がいまどのような時期にいるのかを知ることが非常に重要です。

「もっと努力しなさい、がむしゃらに働きなさい」と言われると辛いかもしれませんが、「今年1年間だけはめちゃくちゃ頑張ったほうがいい。そうすれば来年は努力が実って楽しい1年になるから」と言われたら、何とか頑張ろうと思えるのではないでしょうか。力を発揮すべきときに行動できるようになるためにも、9年周期のルールを知っておくことは大きな意味があると思います。

私は、9つの星が運行するこの法則に基づき、事業をスタートするタイミングや、交渉ごとを行うタイミング、店舗オープンに適した日などのアドバイスをしています。これまで20年以上企業に提案させていただく中でトライ&エラーを繰り返し、精度を上げてきました。

そして、実践の積み重ねの末編み出したのが、独自の開運術「気流れの方程式9'Air（ナインズ・エアー）」です。

運気の流れを読むことで、いまどのような行動を取ればいいのか、生きるうえでの指針が見つかります。流れを理解することは自分を理解することにつながるので、「なるほど、だからこうなるのか」と自分の行動の結果について納得できます。

人は腑に落ちれば、覚悟が決まります。そして「**自分がうまくいかないのは、自分ではなくアノせいだ」と他人や何かのせいにする考え方をあらためることができて、アクションを起こす底力が湧いてきます。**

また、パートナーの運の流れを把握していれば、いまは背中を押したほうがいいのか、それとも逆に休ませてあげたほうがいいのかなど相手への適切な接し方もわかります。

本書を読んでわかること②
自分の強みや、周りの人の特徴がわかる

九星気学は陰陽五行説（木・火・土・金・水）をベースにした学問ですが、**自分の星の特徴を知ることで、自分の強みがわかるようになります。**

例えば、土星の方は万物を育む大地の星で、論理をひとつひとつ積み上げることが得意なので、ロジカルにものを考えたり、仕組みを考えたり、どこが問題点なのかを振り返って正していくことができます。

水の星である水星の方はどんな状況に置かれても対応できる順応力を持ち、相手が誰であっても柔軟に対応することができますし、フワフワと風に揺れる木の星である木星は、行動的で常に新しいことを追い求めることができます。物知りな火星は、人が知らないマニアックな情報を披露することができます。このように自分の強みがわかれば、適職選びだけでなく普段の業務にも活かすことが可能になりますし、「この部分は自分が苦手だから人に任せよう」といった判断も容易になります。

本書を読んでわかること③
相手の星ごとの接し方がわかる

九星気学を習うことの利点は多くありますが、そのひとつが「**自分と相手は違う星のもとに生まれた人間だとわかる**」ことです。

例えば、私自身は三碧木星で、早起きが得意。朝からエネルギーに満ちており、元気いっぱいに「おはよう！」とあいさつすることができます。

しかし、例えば金星や土星の方は朝が弱く、夕方以降に調子が出てくる方が多いため、朝はいつも不機嫌、という場合が少なくありません。

もし、自分と相手の星が違うということを理解していないと、「どうしてこの人は朝から不機嫌なんだろう、元気にあいさつしたほうがお互いに気持ちがいいのに」とか、「もしかして、何か気に障ることを言ってしまったのかな」などと悩んでしまいがちです。しかし、九星気学で相手の星の特徴を知っていれば、「この人は土星属性だから、朝に元気がないのは仕方ないな。夕方以降に話しかけよう」などと、接し方がわかるようになります。

私自身、九星気学を学ぶ前は人との接し方で悩むことばかりでした。

自分の子どもへの接し方も例外ではありません。長男が生まれたとき、私は育児書をかたっぱしから読んであらゆる教育方法を試す教育ママでした。食べるものはオーガニック食品にこだわり、洋服もブランドのものを買い与え、いろいろな習い事をさせていました。できるだけいい教育をさせたい、という意識が強くあったのです。しかし、知らず知らずのうちに息子に対する期待が高くなってしまったのでしょうか、あるときから子どもがチック症状を発症するようになります。「こんなに一生懸命子育てをしているのに、なぜ⁉」と自分自身を責めました。自分のやり方が間違っていたのかもしれない、子どもの話を聞かなければと思って話しかけても、その頃には、子どもが私と目も合わせてくれないほど、心を閉ざしてしまったのです。

そんなときに思い出したのが、九星気学です。

九星気学は、もともとの専門であった風水学の基盤となる知識として多少の教養がありました。

私は美大卒業後、インテリアデザイナーとして内装業に従事し、飲食店、小売店、ホテルなどの内装を手掛けていました。お客様が求めているお店を追求した結果、お客様のニーズは「売れる店、そしてかっこいい店」だという結論に至ります。

それから、「どうしたら売れる店がつくれるんだろう」と悩んだ結果たどりついたのが、九星気学や易を軸にした風水の考え方だったのです。

風水は、どこに風が吹き水が流れるのか、どうしたら場の空気が整うのかを追求した学問です。

気の流れにフィットすれば体は自然にゆるみ、居心地のよさを感じていきます。至極当然ではありますが、現代社会においては迷信とみなされ、軽視されているように思え、残念でなりません。

風水の知識をデザインに活かすことで、仕事は大きく成功します。

そして、九星気学を学べば学ぶほど、息子との関係も良好になります。自分と息子が違う星のもとに生まれてきた人間であることや、**自分がよかれと思っていることが、**

子どもにとっては必ずしもいいことではないと気づくようになったのです。

例えば、私はじっと静かにしているよりも動いているのが好きな三碧木星で、少々せっかちなところがあります。一方息子は、豊かな感受性を持つ九紫火星。じっくり本を読んだりすることが好きなのに、私が次々と別のことをさせようとする態度についていけないと思うことがあったかもしれません。

また、水泳を嫌がる息子を説得し、無理にスイミングスクールに通わせていた時期もありました。一般的に九紫火星の子どもは、水泳を嫌がる傾向があります。なぜなら、九紫火星は火の星で、火は水をかぶると消えてしまうからです。息子にとっては、自分の炎が消えていくような感覚がしたのではないでしょうか。

繰り返しになりますが、相手を知り、相手がどんなことに喜ぶのか、何を求めているのかを把握できれば、良好な人間関係を築くことができます。

例えば、相手が木星の人なら最新の流行りの情報を、相手が火星ならブランド性やオシャレ感度の高い情報を、相手が土星なら老舗の店や、昔から根強いファン層がある情報を、相手が金星なら食べることが趣味なので、とにかく美味しい情報を、相手が水星なら一見さんお断り的な、知る人ぞ知る店の情報を与えると、喜んでもらえる可能性があります。

仕事においても、例えばプレゼンテーションをするとき、「クライアントは火星の人で美的感覚に優れているからデザインにこだわろう」とか、「この人は土星で根拠や論理を求めるから精密なロジックで攻めよう」「この人は木星だからネットワークの広さを強調しよう」など、戦略が立てやすくなります。

もし自分には理解できないような行動を相手がとったとしても、「何でそんなことするの!?　信じられない！　もう嫌い！」と責めるのではなく、「この人は、こういう星の人だから仕方ないよね」と納得することができます。例えば、土星属性の人はじっくり考えて行動する方が正しいのですが、そのことを知っていれば、どんなに急いでいたとしても「この人は土星属性だから、即答しなくて当然だよね」と割り切ることができます。

パーソナルではなく、**「星」の違いで相手を考えると、無駄に感情を荒立てること**

がなくなります。相手を「星」で理解できるようになるので、嫌いな人がいなくなります。

九星気学は占い手法だと思っている方もいますが、「あなたとは相性が悪いから、合わないのは仕方ない」「今日は運勢が悪いから、不運なことがあるのは仕方ない」と**あきらめるためのものではありません。**占いが好きな多くの方は、「運命は変えられないもの」と信じてしまっているように思いますが、**九星気学で考える「運命」は、決して変えられないものではありません。**「こうなりたい」と目標を決めたら、時間を味方につけ、気の流れに沿って行動することで、最短距離で目指す姿に到達できるのです。

２０２１年は、西洋占星術では「風の時代」の始まりの年といわれます。「占いは信じない」「スピリチュアルな話は苦手」という人も、激動の２０２０年を過ごし、時代の変化を肌で感じた人も多いのではないでしょうか。

「風の時代」の前は「土の時代」で、この時代は約２００年続きました。

約２００年前に何があったかというと、産業革命が起こり、カタチのあるものや経済が重視され、人々はお金を使うことに価値を置く時代が始まりました。

これからの風の時代は、情報や知識など、目に見えないものが重視されるようになっていきます。つまり、**風の時代が始まったいま、既存の価値観にとらわれず、正しい知識を身につけ、自分自身で新しい未来を切り拓いていくのに最も適しているタイミング**、といえます。

九星気学は、自然科学、天文学、哲学、統計学が一体となった学問であり、自然の法則を知ることで、不幸を未然に防ぎ、幸せになるための行動を積極的にとっていくことができます。

自分の運命や相手の運命を知って終わり、ではなく、**能動的に運気をよくしていけるのが、九星気学の本質であり、ナインズ・エアーが目指していることです。**

これまで私は、多くの経営者の方たちと、ナインズ・エアーを活用して、希望の未来を手にしてきました。私を信じて実行してくれた勇者たち、そしてその周りで応援してくれたご家族や仲間の皆さんに感謝の思いを伝えるためにこの本を書きます。
そして、自然の法則を体系化した教養として、この世に生きるすべての人にこの学問を知ってほしいと思っています。

私の師匠は、私がまだ駆け出しの頃、「先生、こんなにすごいことがあったんですよ！」と報告すると、

「キミは、まだ『気学』によるミラクルの入り口に来ただけだよ、これからますますおもしろくなるよ」と、満面の笑顔を向けてくれました。

キミは、想像をはるかに超えた世界を目にするよ。
キミは、キラキラと光輝く未来を手にするよ。

師匠が言っていた通り、その後このビジネスが軌道に乗り、多くの素敵な経営者様と出会うことができました。師匠はもう他界していますが、この当時の師匠とのやり取りを思い出すと、「輝かしい未来を手にする予感」にワクワクと高揚していた気持

ちがよみがえります。

気学を知ると、未来が楽しみで楽しみで仕方がなくなります。

これからに希望が持てるため、生きることが楽しくなるのです。

これまでの予想をはるかに超える、想像したことのない世界。気の流れに乗れば、そんな未来を手にすることが可能です。ぜひ、一緒に気の流れを見つけていきましょう。

株式会社 ブルースリー　代表取締役社長　季世

1

ナインズ・エアーの根幹「九星気学」とは？

ナインズ・エアーの根幹をなし、本書の肝となる
九星気学とはどのようなものなのでしょうか。
本書を読み進めていく上で、
まずは九星気学の原点（歴史）を知りましょう。

気学の原点は、中国の「易」

九星気学の原点は、中国の「易学《えきがく》」です。易学は約4000年の歴史を持ちます。儒教の経書《けいしょ》のひとつ『易経《えききょう》』の作者は伏犠《ふっき》という人物です。その後、紀元前1100年頃に周の文王《ぶんおう》がまとめたものを、孔子が口語訳したといわれています。易経は十篇で構成されていて、その中の「雑卦伝」には孔子の思想が加えられ、説いてあるようです。『史記』の中に、孔子は晩年、易を好み、本を編んである革紐が3回も切れるほど熟読したとあります。

『易経《えききょう》』の、「経」には「縦糸」という意味があり、道理や筋道を示しています。単なる占いにとどまらない、高度な哲学に昇華させようとしたのが、孔子といえます。

孔子といえば、『論語』の作者ですが、九星気学の基盤を孔子がつくったというのは、あまり知られていないのではないでしょうか。

国家機関「陰陽寮」で用いられていた

易の八卦《はっか》や十干《じっかん》十二支《じゅうにし》、五行論《ごぎょうろん》などが考案されたのち、**戦争に勝つための兵法「奇門遁甲《きもんとんこう》」と呼ばれる方位術が生まれ、それが九星方位気学の原型になったと考えられています。**

『日本書紀』によると、奇門遁甲は推古天皇の時代602年、百済の僧侶「観勒《かんろく》」によって暦の計算方法である「歴法」や、いわゆる風水である「地相術」とともに日本に伝えられたといわれています。

奇門遁甲は**国のゆくえを占う国家機関である「陰陽寮《おんみょうりょう》」で研究され、国家の安泰を守るために活用されてきました。**「陰陽寮」は、陰陽師《おんみょうじ》である安倍晴明《あべのせいめい》が活躍した機関でもあります。

平安時代の『**源氏物語**』や『**枕草子**』などの書物には、「**物忌《ものい》み**」や「**方違《かたたが》え**」といっ**た言葉が登場しますが、これは奇門遁甲の考え方に基づいています。**

「物忌《ものい》み」とは一定期間誰にも会わずに家にこもることです。当時の貴族は、何か不安なことがあったり、病を避けたいときなど陰陽師に相談をして、「悪い予兆だから物忌みするように」と判断されると、指示に従って一定期間家にこもって物忌みを行いました。そうすれば身を守ることができると信じられていたのです。

「方違《かたたが》え」とは、縁起が悪い方角を避けるため、別の場所に迂回して1泊し、翌日そこから目的地へと向かうことです。人々は何かを行おうとする前に陰陽師に相談して、当人の星周りをもとに、吉の方角を占ってもらっていました。

現代人からすると「吉方位に行くことがそれほど重要なのか」と疑問に思うかもしれませんが、**「物忌み」と「方違え」は平安貴族にとって常識でした。**『徒然草』の作者である吉田兼好も、「方違え」で運勢がよくなるように何度も引っ越しを繰り返してきました。2020年度私立大学の入試問題でも、日本史で「方違え」に関する出題がありました。平安時代にこうしたことが当たり前であったということは、現代でも教養のひとつとして知っておきたい知識です。

一方、これらを用いることができるのは政治に関わる一部の役人や貴族のみで、一般の人にも活用されるようになったのは、ずっとあとの江戸時代以降です。学者たちが難解な奇門遁甲を研究し、その考え方を残しながらもオリジナルの方位術に変化させていき、日本オリジナルの九星気学が誕生しました。

歴史上の多くの人物が気学を用いていた

兵法に用いられた軍学として、支配階級の人々に珍重されてきた気学。用いた方位による効果がすみやかに、また確実に表れることから攻守に大きな力を発揮してきました。

戦国武将・徳川家康が気学を活用して治世にあたっていたことは有名で、家康のブレーンである天海僧正《てんかいそうじょう》は気学の権威でした。彼は気学の教えにしたがって常に徳川軍を吉方に導き、多くの戦いで勝利をおさめることに貢献しました。

もともと気学は、**中国の「易」の実用的な部門から派生した学問なので、用いれば実際に効用するわけです。**

主体的に運命を変えていくことができるという点が、ほかの占星術にはない大きな特徴です。流れを変えたければ、開運していけばいいだけの話です。

易学は身近に使われている

有名な日本企業の社名が、易学からつけられていることもあります。例えば、国内トップの化粧品メーカー「資生堂」の社名は、『易経』の「坤為地《こんいち》」の一節「至哉坤元萬物資生」に由来するといいます。現代の言葉に直すと「大地の徳は、なんと素晴らしいものであろうか。すべてのものはここから生まれる」といった意味です。

資生堂の公式Ｗｅｂサイトには、「西洋の最先端の薬学をベースに興す一方で、社名は東洋哲学から命名するという、西洋の科学と東洋の叡智を融合した先取りの気質が、資生堂の成り立ちでもあった」と書かれています。

１８７２年の創業以来、１５０年近くにわたる革新の積み重ねを経て、国内トップの化粧品メーカーとして、社名の由来のように世界中で事業を展開しています。

一部の上場企業の会社名には「化成」という言葉が使われていますが、これも易経の「離為火《りいか》」の一節「重明以麗乎正乃化成天下」に由来します。これには、「素晴らしい知恵と明るさをもって新しい世界観を持って天下をつくる」といった意味があります。

このほかにも団体の名称が易経から名づけられていたり、政党の名前になっていたりと、探してみると身近なところに見つけることができる易経由来の名称。**易経とは、時代の変化の法則について書かれた書物です。**学ぶべき学問として古くから多くの人々に受け入れられ、日本経済や私たちの暮らしを支えてきたことがわかります。

平安京に用いられた風水

気学の一部には風水や家相があります。本書では風水や家相の見方については省略しますが、気学が身近にある例として、風水が日本の都市計画に用いられていることをご紹介します。

風水とは、人と環境の関係を考える環境学から生まれました。中国から風水が伝わってきたのが、九星気学のルーツである奇門遁甲が伝わったのと同じ６０２年。百済の僧侶によって天文学などとともに伝えられました。

風水は、個人の住宅だけでなく、都市計画にも用いられてきました。

風水の都市計画の基本は、「四神相応《ししんそうおう》」の考え方です。

日本における「四神相応」とは、朝日の昇る東に清らかな川があればさわやかに目覚めることができ、西に大通りがあれば街がにぎわい、北に大きな山があれば寒風を防ぐことができ、南に平地があれば日の光を浴びることができる、という考え方です。

東：低地、川、河、鉄道、高速道路
意味：発展、若者、情報、トレンド、信用

西：高地、大通り、道路、森
意味：経済の流れがよくなる

南：低地、湖、海、公園
意味：生きがい、目標、人生の師匠に出会える、生きる力がみなぎる

北：高地、森、山、高いビル
意味：後ろ盾、支えがある、心が充実、勇気がわく

かつて京都の北に位置した**平安京は、この四神相応に基づいてつくられました。**平安京は都城として日本の首都機能を支え、現在建築物の大部分は途中で失われたものの、京都市街の主要な街路構成として現存しています。

東京の街は気学でできている

東京の街の主要スポットも、これらの気の流れに沿った配置になっていることがわかります。

例えば２０２０年に創建１００年を迎えた明治神宮は本殿を中心に東西南北に青龍、白虎、朱雀、玄武が整い、見事なまでに四神相応が成立しています。

私は明治神宮の参拝を日課にしていますが、境内の神秘的な力や景色に一瞬にして吸い込まれてしまいます。

明治神宮の最寄り駅である原宿駅は日本にたくさんの情報とトレンドをもたらし、鳥居は千客万来を意味し、南池は日本人に情熱と生きがいをもたらしてくれます。また、財運と人財の豊かさを願った配置になっていることもわかります。豊かな森林は、100年前に林学の専門家たちが、「何を植えたら後世に続く『永遠の杜』になるか」を考え植栽されました。木々は大きく成長し、現在では多くの生物がすむ広大な杜となっています。

日本は、気学、風水で、「見えない自然の力」に護られているのだと、祖先の計らいに感謝で涙があふれてきます。

パワースポットとして有名な明治神宮の「清正井《きよまさのいど》」も人が集まる意味が込められています。当たり前のようにこんこんと水がわき出ていますが、そこには「知恵と、利益、大きな富が枯れないように」という意味がこめられています。先人らの功績と努力に心から感謝して訪れたい場所のひとつです。

東京の街の中心を「皇居」として見ると、それぞれの場所にこめられた思いが見えてきます。

東京駅は、情報の流れがよくなるように。
丸の内は、経済が発展するように。
有楽町、銀座エリアは世界中が憧れる商業都市となるように。
築地市場は食に満たされ、おいしいものであふれる国になるように。
日比谷公園は、日本がクリエイティブで、豊かな文化に満たされるように。
東京湾は、日本の経済が整うように。
国会議事堂は、国の基盤となる正しい政治が行われるように。
国立競技場は、エンターテイメントやスポーツが人々の娯楽や喜びとなるように。
最高裁判所は、正しい裁判が執り行えるように。

このように地形を加味して、適した方位に建物を建設することで、日本は守られているのです。先人の知恵に感謝ですね。

西洋占星術との違い

九星気学は、陰陽五行説（木・火・土・金・水）をベースにした手法です。九星と呼ばれる、9つの星を使って占うのが特徴です。

九星とは、**一白水星**《いっぱくすいせい》・**二黒土星**《じこくどせい》・**三碧木星**《さんぺきもくせい》・**四緑木星**《しろくもくせい》・**五黄土星**《ごおうどせい》・**六白金星**《ろっぱくきんせい》・**七赤金星**《しちせききんせい》・**八白土星**《はっぱくどせい》・**九紫火星**《きゅうしかせい》のこと。

これらは九星気学で用いられる架空の星で、実際の天体に存在しているわけではありません。では、この九星が何を表しているかというと、「虚星《きょせい》」といわれる人間の観念的な世界に存在する星を表しています。実際に天空にある星に対して「地の星」ともいわれ、「木・火・土・金・水」という5つの天地自然の要素・はたらきを表しています。

西洋占星術では、生まれた時間と、生まれた場所が重要です。というのも、北半球の日本で生まれた場合と、南半球のアルゼンチンで生まれた場合とでは、生まれたときの惑星の配置が異なってくるからです。

四柱推命も、生まれた時間がわからないと算出できません。「四柱」とは、生まれた年、生まれた月、生まれた日、生まれた時間の４つの柱を指します。生年月日だけで時間がわからないと、占いの精度が落ちる、というわけです。

九星気学は、生まれた年、月、日がわかれば算出できます。日本で生まれてもアルゼンチンで生まれても、変わりはありません。

「四柱推命に比べて精度が落ちるのでは？」と思われるかもしれません。確かに、「当たる、当たらない」ということが占いの目的なのだとしたら、九星気学は四柱推命に比べて劣っているのかもしれません。

しかし、これまでに申し上げたように、**九星気学は運命を言い当てることが目的ではありません。**

大切なのは、**「で、どうすれば幸せになれるの？」という部分ではないでしょうか。**

九星気学は、「どうにもならない宿命」だと悲観的になるのではなく、人生を肯定的にとらえた学問です。**生年月日で運の流れを把握することで、人生を好転させるためにすべき行動がわかる究極の奥義。それが、九星気学なのです。**

利己主義⁉　それでOK

九星気学のよさは、ただ、**運の流れに沿って行動することで開運できる**という点にあります。**そこにはあなたの感情は必要ありません。つまり、「九星気学ってよくわからないし、あやしいなぁ」と疑いの思いがあったとしても、運の流れに寄り添って行動するだけで運がよくなります。**

人間関係に活かすときも同様です。人間関係においてはよく、「怒りの感情を抱いてはならない」「人を恨んではいけない」「親を愛さなければならない」といわれます。もちろん、そうすることができればベストですが、「どうしてもこの人は苦手だ」という人は存在するものです。

ただ、苦手だからといって避けているわけにはいきません。ではどうすればいいかというと、相手の「星」の性質を把握しましょう。自分のものさしを当てはめるのではなく、相手の立場を想像すれば、何をすれば喜んでくれるかわかります。

「どうして私がわざわざ苦手な相手に合わせて、相手を喜ばせなければならないの」

と思われるかもしれません。

では、**相手の性質や流れを知ることが、自分の幸せに直結すると考えたらどうでしょうか？**　そこには、「相手が好き」という感情が伴わなくてもまったく問題ありません。

相手に合わせることが結果的に、相手の幸せと自分の幸せにつながる。これが、九星気学の法則です。

例えば、パンケーキが大好きな人に、最近できたおいしいパンケーキ屋の情報を教えてあげたら、喜んでもらえます。きっと感謝もしてくれるでしょう。そんな風に相手が求めている情報をいつも与えていたら、相手はあなたのことを好きになるかもしれません。愛は「先出し」することで、結局自分にかえってきます。

あなたはただ、「この人はパンケーキの食べ歩きが趣味だ」ということを知っていたから、教えただけにすぎません。そこには相手のことを「好き・嫌い」という感情は伴っていませんが、あなたの行動によって相手が勝手にあなたに親切にしてくれるのです。

これほど楽しいことはありません。幸福なことに、あなたは本書によって九星気学という素晴らしい学問を知ることができました。本書で相手の特徴を知り、相手の星に合わせて行動することで、あなた自身が幸せに過ごすことができます。そして、愛に満ちた人生を歩むことができるのです。

【ナインズ・エアーの実践　CASE1】

デジタルマーケティング事業　経営者

幹部スタッフのマネジメントもお願いするほど大きな信頼を寄せています

季世さんとは、共通の知人を経由して知り合いました。当時、季世さんは自身のWebサイトもない状態で、知り合ってすぐに僕に自身のサイト作成を依頼してきたのです。依頼を受けたとき、実はあまり乗り気ではありませんでした。季世さんに絶大な信頼を寄せるいまとなっては考えられませんが、九星気学についてよく知らなかったため、「仕事とはいえ、内容のよくわからない、あやしい占いサイトはつくりたくないな」と思ったのです。

しかし、Ｗｅｂサイトに記載するテキストの内容を見ているうちに、徐々に九星気学に興味を持つようになりました。その頃、経営＆マネジメントについて悩んでいた時期でもあり「もしかして自分のマネジメントの方法は間違っているのでは」と思うことがあったため、試しに鑑定をお願いしてみることにしたのです。

はじめに季世さんは、社員全員の九星を調べ、誰と誰がチームを組むとうまくいくかを予測して、ベストなチームとなるようにグルーピングしてくれました。このグルーピングの一覧表が納得のいくものだったため、試しにその通りに配置換え・席替えを行ってみたところ、組織がとたんにうまく回りだすようになったのです。結果、**1年で社員数は2倍に増え、売上・利益ともに昨対200％成長。以来、毎年200％成長し続けています。**

また、2020年春の段階で、「秋以降も、新型コロナウイルスは収束に向かうどころか勢力を増すから、テレワークの準備をしておいて」と言われ、夏の間に少しずつ準備を進めていたため、テレワークにスムーズに移行することもできました。

姓名判断もできる季世さん。実は出会った頃からずっと「改名したほうがいい」と言われ続けていたものの、生まれてからずっと名乗ってきた名前を変えるという一大決心がなかなかつかず、行動に移すことはありませんでした。しかし、数々の変化で季世さんに対する信頼が徐々に増すようになったため、意を決して仕事上の名前を改名。すると、**ベストなタイミングで会いたい人にめぐりあえるようになるなど出会いの運が急上昇**。自分自身の改善すべき点もよく見えるようになり、考え方や行動に大きな変化が訪れたのです。

社員は、これらすべての変化を一番近い場所で見ているため、当然みんな季世さんの言うことを信頼するようになります。社員の何人かには、運気を上げるために、一定期間「吉方位」で過ごす「方位取り」に行ってもらったこともありました。全員、**方位取りから戻ってくるといい方向に変わっていて、社内の人間やクライアントとの関係もよくなるのがおもしろいですね**。私も季世さんに言われ、方位取りでスタッフとフランスへ。帰国後さらに運気がよくなったことを実感しています。

自分の子どもが生まれたときには姓名判断を依頼。妻との争いごとを避け、円満な家庭を築くことができる名前にしていただき、またそういった狙いとは関係なくとても素敵な名前なので、大変感謝しております。

現在は毎月のミーティングに加え、リクルーティングに関するアドバイスもいただいております。人材の選定に関する助言だけでなく、入社日のタイミングも教えてくれるため、ベストな日程で素晴らしい人材を迎え入れることができます。全社員、家族ともに大きな信頼を寄せる季世さん。これからも末永くお世話になりたいですね。

2

九星の基本と5つの星の関係性

2章からは、実際に自分の九星を調べ、

それぞれの関係について見ていきましょう。

九星を調べよう

まずは、次の九星早見表から自分の九星（本命星）を見つけましょう。注意点は、暦は立春（２月３日ｏｒ ２月４日）で変わるということ。１月１日～２月３日、もしくは２月４日に生まれた人は、前年の九星になります。

例えば、１９８７年１月生まれの人は、その前の１９８６年生まれの五黄土星として考えます。１９８７年２月３日生まれの人も、五黄土星です。１９８７年２月４日の人は四緑木星と考えます。

ちなみに、なぜ旧暦では２月の立春を１年の始まりとしているかというと、立春前は最も気温が低くなり、立春を転換点として次第に暖かくなり、太陽が再び活力を取り戻していくため、その意味で１年の始まりを立春とした、といわれています。

■九星早見表

１月１日～節分の２月３日に生まれた人は、前の年の九星になります。
ただし、★印がついている年は節分が２月４日になりますので、
この年の２月４日に生まれた人も前の年の九星になります。

生まれた年	九星	生まれた年	九星	生まれた年	九星
★1940年	六白金星	1969年	四緑木星	1998年	二黒土星
1941年	五黄土星	1970年	三碧木星	1999年	一白水星
1942年	四緑木星	1971年	二黒土星	2000年	九紫火星
★1943年	三碧木星	★1972年	一白水星	2001年	八白土星
★1944年	二黒土星	1973年	九紫火星	2002年	七赤金星
1945年	一白水星	1974年	八白土星	2003年	六白金星
1946年	九紫火星	1975年	七赤金星	2004年	五黄土星
★1947年	八白土星	★1976年	六白金星	2005年	四緑木星
★1948年	七赤金星	1977年	五黄土星	2006年	三碧木星
1949年	六白金星	1978年	四緑木星	2007年	二黒土星
1950年	五黄土星	1979年	三碧木星	2008年	一白水星
★1951年	四緑木星	★1980年	二黒土星	2009年	九紫火星
★1952年	三碧木星	1981年	一白水星	2010年	八白土星
1953年	二黒土星	1982年	九紫火星	2011年	七赤金星
1954年	一白水星	1983年	八白土星	2012年	六白金星
1955年	九紫火星	★1984年	七赤金星	2013年	五黄土星
★1956年	八白土星	1985年	六白金星	2014年	四緑木星
1957年	七赤金星	1986年	五黄土星	2015年	三碧木星
1958年	六白金星	1987年	四緑木星	2016年	二黒土星
1959年	五黄土星	1988年	三碧木星	2017年	一白水星
★1960年	四緑木星	1989年	二黒土星	2018年	九紫火星
1961年	三碧木星	1990年	一白水星	2019年	八白土星
1962年	二黒土星	1991年	九紫火星	2020年	七赤金星
1963年	一白水星	1992年	八白土星	2021年	六白金星
★1964年	九紫火星	1993年	七赤金星	2022年	五黄土星
1965年	八白土星	1994年	六白金星	2023年	四緑木星
1966年	七赤金星	1995年	五黄土星	2024年	三碧木星
1967年	六白金星	1996年	四緑木星	2025年	二黒土星
★1968年	五黄土星	1997年	三碧木星	2026年	一白水星

九星早見表がなくても計算できる方法

①生まれた西暦（立春前の生まれの場合は前年の年）の数字を1ケタずつ足す
②その数字を1ケタずつバラバラにしてさらに足す
③11から②の数字を引いて出てきた数字が、あなたの星を表す

例えば、1986年生まれの方の場合は、
①1＋9＋8＋6＝24
②2＋4＝6
③11−6＝5
「5」が導き出されたので、五黄土星、となります。

各星の意味とは？　五行を知ろう

1～9までの九星は、それぞれ水星、土星、木星、金星、火星と5種類の星に分類されています。これを、**五行といいます。**

水 一白水星
土 二黒土星、五黄土星、八白土星
木 三碧木星、四緑木星
金 六白金星、七赤金星
火 九紫火星

これは何を表しているかというと、自然界のものを表現しています。古代中国では、自然界の森羅万象すべてのものは5つのエレメント（元素）から成り立っているという考え方がありました。**これを、「木《もっ》・火《か》・土《ど》・金《ごん》・水《すい》」の「五行」といいます。**九星気学を学ぶうえで、この五行は非常に重要な考え方なのでおさえておきましょう。性格診断に用いる場合も、五行を知ることで理解がしやすくなります。

木【自由を好む】

植物の樹木や、木製品全般のこと。生気がみなぎる「春」や「朝」を表しています。

表していること：明朗、情報、風、スピード、遠方、旅行、信頼、発展

味　　：酸味

火【パッション】

火や、明るく輝く光、燃えるような激しさを意味し、「夏」や「昼」を表しています。

表していること：知恵、発明、デザイン、華美、目標、先見、文明、特許、別離

味　　：苦味

土【ロジカルシンキング】

土や、大地のもつ「生育」と「腐敗」の相反する作用を意味します。季節と季節の間の「土用」を表します。有事に強いという意味もあります。

表していること：育てる、腐敗、確実、地道、不動、論理、勤勉、忠実

味：甘味

金【おりんの鈴のように響く感性】

お金や金属製品、鉱物のこと。万物がかたく引き締まる収れん作用を持ち、「秋」や「夕方」を表しています。

表していること：経済活動、金属、宝石、高級品、娯楽、権威、時間管理、仲間

味：辛味

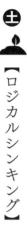

水 💧【水に流す清らかさ】

液体全般のこと。水のように低く暗い場所を表し、「冬」や「夜」を表しています。

表していること：潤い、流動性、柔軟性、秘密主義、人脈、忘れる、雑談

味　　：塩味

40億年前、地球に雨が降り（水星）、大地が生まれ（土星）、木々が芽吹き（木星）、実りとなり（金星）、炎が生まれました（火星）。九星は、地球の誕生を表しているのです。

一方、九星は人の一生も表しています。人は羊水（一白水星）から生まれ、息絶えると火葬され、天に昇っていきます（九紫火星）。火葬の考え方は、気学的といえます。

■後天定位盤《こうてんじょういばん》

南

四緑木星	九紫火星	二黒土星
三碧木星	五黄土星	七赤金星
八白土星	一白水星	六白金星

東　　西

北

色の意味は？

九星には、一白水星、二黒土星、三碧木星、というように、それぞれの星に色がついています。一見、五行と関係があるように思えますが、３つある「土星」でも、二黒、五黄、八白と色が違います。

色の根拠は「季節によって移り変わる自然界の色の象徴」「地球の磁気の色」など諸説ありますが、実は明らかになっていません。

九星に付随する色を覚えるときは、運勢を判断するときに用いる「後天定位盤《こうてんじょういばん》」を見ながら覚えるといいと思います。

南の九紫は、太陽が最も強く紫外線が強いので、「紫」。一白の方位である北は、雪が降り積もるので「白」。三碧が位置する東は、明るい方位。空や海を表す「碧」です。東は春の方位でもあるため、新緑を表す「緑」の四緑も位置します。

西の七赤は、秋の方位なので、紅葉の「赤」。南西は、風水で土の気が最も強く表れているので二黒の「黒」。中国の中心には黄土が広がっているので、中心の「五黄」は、「黄」です。

五行の関係性

五行は、それぞれに相関関係があります。これは、人間関係を考えるうえで最も重要な要素です。相手が何を求めているのかがわかり、マネジメントに役立ちます。

例えば、火はやがて灰になり、土になります。土の中から鉱物（金）が生まれ、鉱物が冷えると水滴（水）が生じます。このように生成の発展や循環を表す関係、「相手を生み出す関係」を、「相生《そうしょう》」といいます（P53参照）。

この図のように、木属性（三碧木星、四緑木星）の人は「火」を求め、火属性（九紫

■相生《そうしょう》の関係

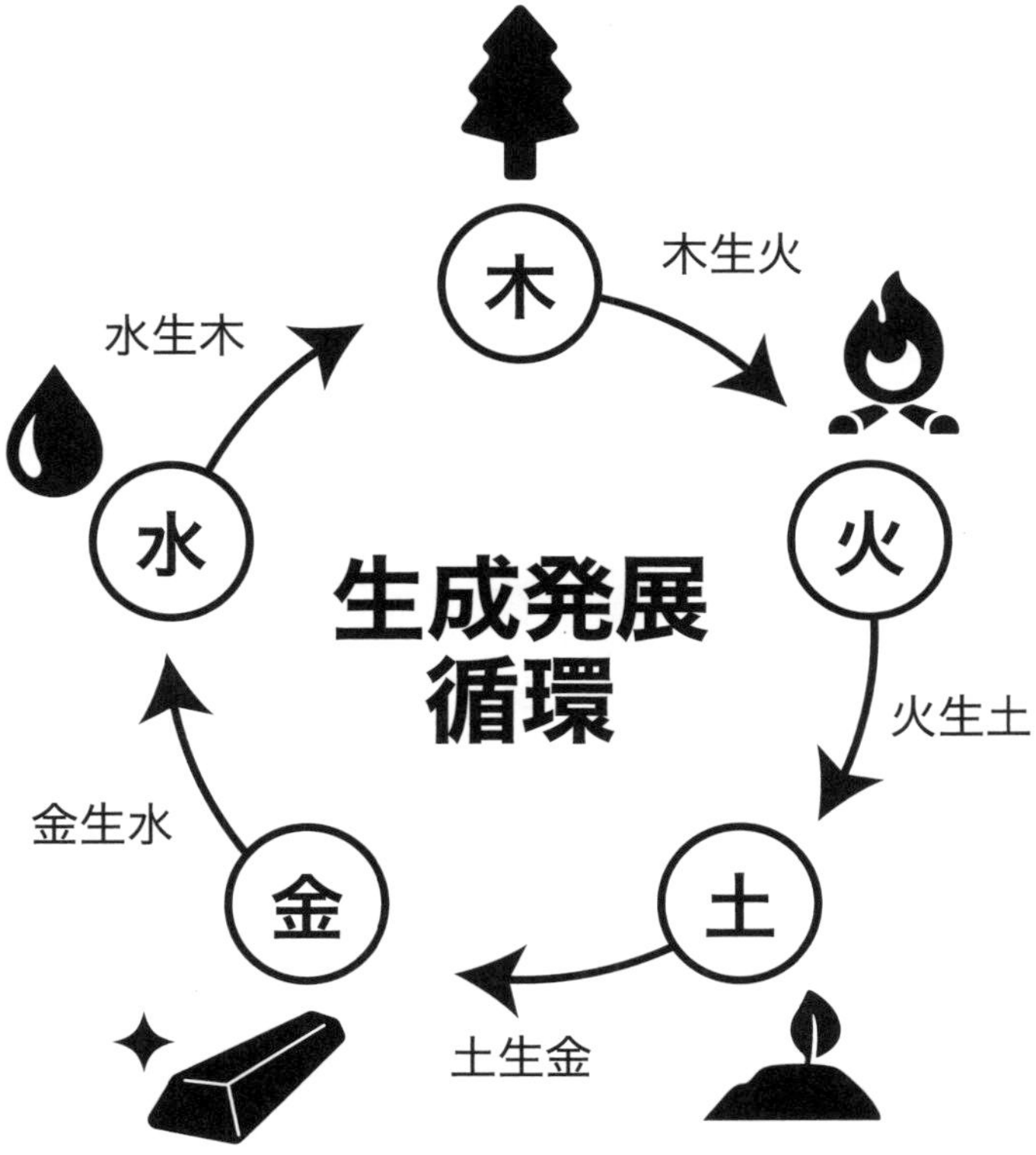

火星）の人は「土」を求め、土属性（二黒土星、五黄土星、八白土星）の人は「金」を求め、金属性（六白金星、七赤金星）の人は「水」を求め、水属性（一白水星）の人は「木」を求める傾向があります。

これは、木星の人が火星の人に、火星の人は土星の人にあこがれを抱きやすい、という考え方のほかにも、木星の人が「火」の要素を求めている、とも考えられます。「火」は、目標、アイデア、情報などの意味があるので、木星の人は目標を考えたり、新しいトレンドを得たりすることが大好き、ということがわかります。各星にどのような意味があるのかについては、次の第3章で説明しています。

相生の関係については、**手前にいる相手からプラスの影響を与えてもらっている**、というとらえ方もできます。火星の人は木星の人からいい影響を与えてもらっている、土星の人は火星の人からいい影響を与えてもらっている、金星の人は土星の人からいい影響を与えてもらっている、水星の人は金星の人からいい影響を与えてもらっている、木星の人は水星の人からいい影響を与えてもらっている、ということです。

また、矢印の方向は関係なく、**隣同士の星は距離が近いため、協力関係になりやす**

■比和《ひわ》の関係

土星属性	二黒土星　五黄土星　八白土星
木星属性	三碧木星　四緑木星
金星属性	六白金星　七赤金星

い、という特徴があります。

比和《ひわ》の関係とは、同じ五行、つまり木と木、火と火、土と土、金と金、水と水の関係のことをいいます。同じ性質がタッグを組むので、「同調して強まる」という意味になります。西洋占星術の「コンジャンクション」と同じものです。

人間関係の場合は、同じ性質なので理解しやすく基本的には友好的な関係です。一方、似た者同士なのでマンネリも起きやすくなります。

相剋《そうこく》の関係とは、隣合わない星との関係をいい、相手を無意識のうちに剋して（傷つけて）しまいます（P57参照）。

五行の関係で考えると、木は、土に根を張り土の養分を吸い取ってしまい、土は水を汚し、水は火を消し、火は鉱物（金）を溶かし、刀（金）は木を傷つけます。このように、隣り合わない星との関係を「相剋《そうこく》」といい、相手を無意識のうちに剋して（傷つけて）しまいます。

自分が無意識に、**矢印が向いている星の人を傷つけている可能性がある**、と自覚して接することが大切です。

離れているため、自分にはまったくない性質を持っている相手であり、**新鮮さを抱きやすい**、と考えることもできます。例えば、木星の人は新しいアイデアを次々と思いつき、「今度はこうしよう、ああしよう」とすぐに口にして、フットワークも軽やか。一方、土星の方は、このようにフワフワと風のように身軽に動くという発想自体がないため、土星の人にとって木星の人は「自分にはない思考回路で動く相手」であり、刺激的な相手、といえます。

相剋の関係の相手との向き合い方

一般的な九星気学の本は、「相剋関係の星の人とはぶつかり合ってしまいます、相性がよくありません」という話でおしまいですが、重要なのは「**で、どうすればいい**

■相剋《そうこく》の関係

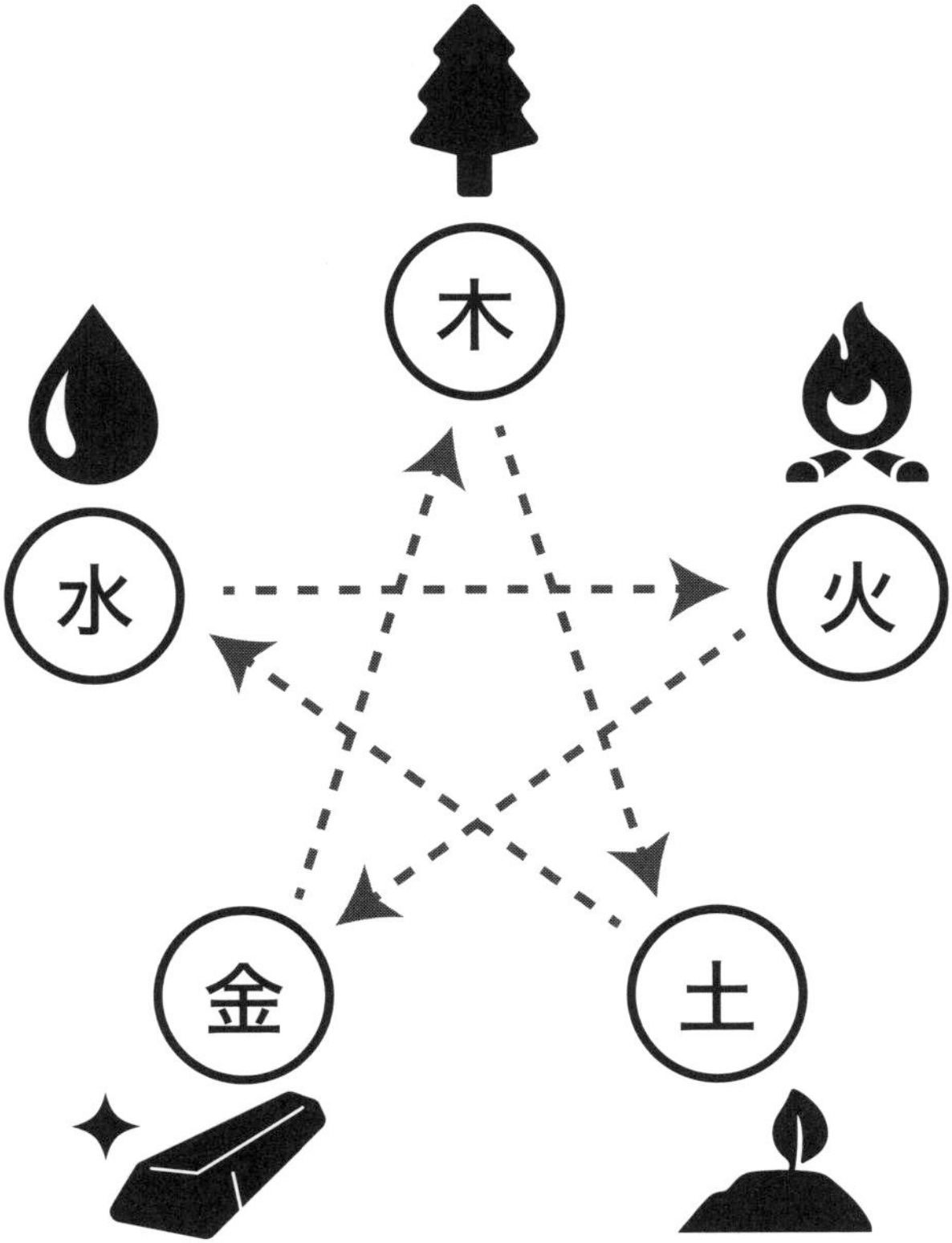

の？」という部分ですよね。前提として、相手の星を知り、相手の思考回路を知ることが大切です。慣れてくると相手の話す内容や雰囲気で、相手の星を想像できるようになります。

この上で本書では「では、相剋関係にある離れた星の相手とはどのように接すればいいのか」について、どこにも書かれていない解決策をご紹介します。

例えば私は三碧木星で、「木」の星ですが、本書の制作に携わっている編集者はふたりとも「土」の星の人です。図を見ると、木と土は離れている相剋の関係にあるため、何も対策をしなければ話が通じづらいところがあります。

ではどうすればいいかというと、**木と土の間にある「火」の性質を入れるのです。**偶然、私のプロモーションを担当してくれている方が九紫火星だったため、制作は大変スムーズに楽しく進行することができました。

同じように、木星が金星と話をする場合は、木と金の間にある水星を、火星の人が、離れている金星や水星の人と話をする場合は、間にある土星や木星の人を間にはさむと、スムーズに話をすることができます。

では、もし、都合よく「間の星の人」が見つからない場合はどうすればいいかというと、**その間にある星が象徴するアイテムや物事を使って、パワーを得ます。**

例えば木星の私が、離れている土星の人と話をするときは、火のパワーを得るために、火が象徴する赤色の洋服を着たり、会議室に赤色の花を置いたりします。火星には「苦い」という意味もあるため、メンバーにブラックのコーヒーを配り、飲みながら会話をすることもあります。

ちなみに本書の制作会議でも、土星の編集者との会話が弾むようにいつもブラックのコーヒーを飲みながら進めていましたし、ミーティングの回数を重ねる度に会議室には「赤い花」「紫の小物」など「九紫火星グッズ」が増えていきました。間の星の要素を入れるというのはテクニックではありますが、**相手を思う「愛」の形でもあると思っています。**

■離れた星の人と仲よくなるには？

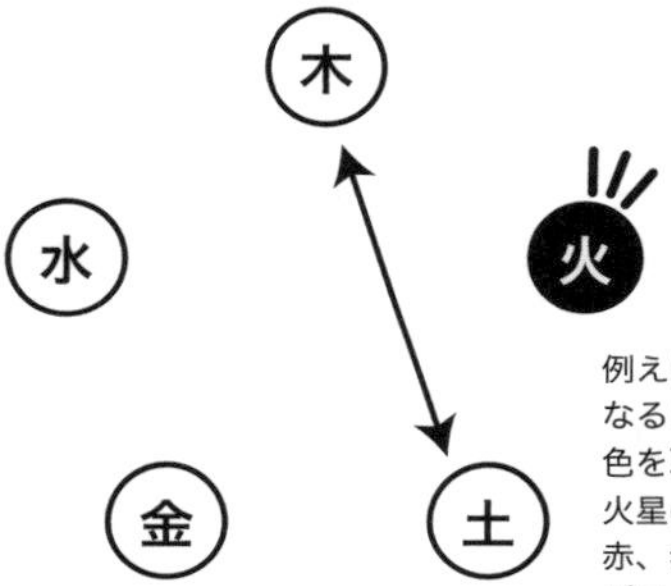

例えば木星属性さんと土星属性さんが仲よくなるには、間にいる火星の人物やアイテム、色を取り入れよう。
火星のアイテム、場所など ...
赤、紫、書籍、絵画、カメラ、化粧品、ブラックコーヒー、ビターチョコレート、美術館、図書館、大学、書店、映画館など

同じように、例えば金星の人が、離れている木星の人と話をしたい場合は、金星と木星の間にある「水」のパワーを借ります。水が象徴する色は白や黒なので、全身真っ白か、全身真っ黒、あるいは白と黒の洋服を着るといいでしょう。また、水は「お酒」「温泉」などを表しているため、温泉旅行でお酒を飲みかわす、というのもいいでしょう。

相剋関係にある、離れた星の相手との向き合い方

1　その中間にある星の人を仲間に加える

2　その中間にある星が象徴するモノ、色の

要素を加える

五行の関係は、人間関係の理解に役立つだけでなく、**自分や相手がどのようなものを求めているのか、どのような思考で動く人間なのかを知るためにもとても役に立ちます。**

「自分は土星で、いつも金星に意識が向いているからお金が好き。でも、相手は木星で火星の方向を向いているから、夢や希望を語るほうが好きなんだ」と理解できれば、相手への言葉のかけ方が変わってくるのではないでしょうか。

例えば、土星の人に対しては「これだけ儲かりますよ」とプレゼンするのもＯＫですが、木星の人はお金にそれほど興味がないので、「儲かりますよ」と訴えるより「こんなに大きな夢が達成できますよ」と語ったほうが響きます。

心に響く言葉は、人それぞれ違うのです。

では、それぞれの星が象徴していることはどんなことでしょう。

次章からは、九星について詳しく意味をご紹介します。

【ナインズ・エアーの実践　CASE2】

ＩＴ業界　経営者

宇宙の流れに乗っている感覚を確かめながら事業を進めることができます

季世さんと出会ったのは、会社の資金繰りが立ち行かなくなり、倒産するかもしれないというタイミングで、とにかく焦っていました。もともと九星気学に対する理解があったので、株主のひとりに季世さんをご紹介いただいたとき、「言われた通りに、自分にできることはすべてやろう」という決意をかため、お会いすることにしました。

ちなみになぜ資金ショート寸前だったかというと、自社の企業価値を大きく上げ、投資家の方々から「事業は魅力的だしぜひ出資したいけど高すぎる」と断られていたものの、アクセル全開で進んで行くために、妥協したくなかったからです。覚悟を決めて臨んだ初回打ち合わせで、「吉方でしばらく生活する『方位取り』をしたほうがいい」とアドバイスをいただいたので、**早速その日の夜に吉方にマンスリーマンションを契約。家族に説明をして、翌日単身で引っ越しをしました。**

都内のオフィスまでかなり遠くなり、深夜0時までにマンスリーマンションに帰らなければならないなど行動の制限もありましたが、「最後までやり切る」と決めていたので、１０１日間は言われた通りに行いました。一度、都内で食事をしていて帰りが遅くなってしまい、タクシーで飛ばしてもらって11時59分に家に着いたこともありました（笑）少しルールをやぶったからといって、「方位取り」の効果がすべてなくなるわけではないらしいのですが、うしろめたい気持ちを少しでもつくりたくなかったので、徹底して言われたことを守りました。

一般的に、「方位取り」を行うとその期間中はよくないことが起こり、ミッションをコンプリートして帰ってきたら事態が好転するというパターンが多いようですが、私の場合はもともと運がよかったのか、方位取りの最中にいい流れになってきました。

キーとなる重要な方に出資のOKをいただき、そこから一気に資金調達が完了。想像以上の効果でしたね。

社員数も順調に増えオフィスが手狭になってしまったため、仕方なく家賃を倍にして大きなオフィスを借りようと考えていたとき、新型コロナウイルスの感染拡大によって働き方が変化するように。流行が長期化するのは明らかだったため、「自ら行きたくなるようなオフィスをつくろう」と郊外にワーケーションオフィスを構えることにしました。もともと契約しようとしていた都内のオフィスの何分の1かの金額で、広くて快適なオフィスを借りることができたのは本当に運がよかったですね。

季世さんに相談したところ、オフィスの内装を工夫したほうがいいとのことだったので、高さに変化をつけて水回りの流れがスムーズになるように工事を行いました。引っ越しの時期に関しては、季世さんの指定するタイミングに工事が間に合わなかったため、工事中にもかかわらず「オープン」の看板を掲げることでよしとしました(笑)

季世さんから、「**このオフィスには人もお金もどんどん集まってくる**」と言われていま**したが、まさにその通りになってきているので、驚いています。**

アインシュタインをはじめ、宇宙や物質の成り立ちを追究している天才物理学者の多くが、神の存在を否定していません。科学ではどうにもならない、目に見えない力は実際にあると思いますし、そういったものには畏怖の念を抱かざるを得ません。

季世さんとの会話のおかげで、宇宙の流れに乗っているという感覚を確かめながら、自信を持って事業を進めていくことができます。見えない力が背中を押してくれるというのは、とても心強いですね。

3 九星の各星の特徴

ここからは、9つの星ひとつひとつについて、
各星が象徴することと、その星の人の特徴について
見ていきましょう。

ここに記されている各星の象徴は、**その星の人の性格や好きなものを端的に表しているというわけではなく、運の流れを読んだり、その星のパワーを得たいときにどのような方位や場所であるかを知るために使うものです。どのようなアイテムがあるか、**

一白水星は「冬」や「深夜」を表していますが、一白水星の人＝暗くて寒い場所が好きというわけではありませんし、五黄土星には「腐敗」などの意味がありますが、だからといって五黄土星の人がものを腐らせやすいというわけではありませんので、ご注意ください。

「こんな見た目、ふるまいをする人は最強運気の持ち主！」という項目では、その星の人の特徴を箇条書きで紹介しています。チェックが多ければ多いほど、自分が好きで自己肯定感が高く、運のいい人といえます。チェックが半分以下だった場合は、もっと自分を愛せるようにしましょう。

各星の特徴だけでなく、**それぞれの星の人との付き合い方のポイント、つまり「愛し方」について詳しくご紹介しますので、ぜひ身近な人の顔を思い浮かべながら確認してください。**

一白水星

（1945年／1954年／1963年／1972年／1981年／1990年／1999年／2008年／2017年生まれ）

静かに流れる水の星

水の星です。40億年前地球が徐々に冷えて雨が大地に降り、溜まった水は徐々に湧き出て小川になり、川になり、大河になり、海になりました。

絶えることなく一滴、一滴としたたり落ちた雫が、流れ続けて海となるように、小さな苦労を積み重ねて大きな成功を遂げていくことを表しています。

水は長い年月を経て、草木、土壌をくぐり抜けながら濾過されていきます。最終的に残るのは、大きな優しさと包容力です。

人は水なしには生きていけません。一白水星の方は影響力を持ち、成功をなし得ていきます。このことから、一白水星は「大河の一滴」と呼ばれています。

★一白水星の象徴

● 方位……………北
● 時刻……………23時～1時
● 季節……………冬
● 場所……………海、河川、池、温泉、洞窟、浴室、洗面所、水族館、喫茶店、病院、地下室、宴会場、トイレ
● 色………………白、黒、グレー
● キーワード……水、暗闇、流動性、秘密主義、冷える、人間関係、色情、出版
● アイテム………ペン、インク、下着、ヒダのあるスカート、針、雑巾、油、船、釣り道具、仏像
● 命を強くする食べ物……酒(アルコール度数の高いもの)、根菜(大根・人参など)、レンコン、魚、飴、油類(健康志向にオイルを使うことは体に合ってる)、漬物(浅漬け、一夜漬け)、味噌汁、吸い物、塩(体質浄化に適している)

★この星の有名人

太宰治（１９０９年）、吉永小百合（１９４５年）、長塚京三（１９４５年）、タモリ（１９４５年）、ジョン・トラボルタ（１９５４年）、ジャッキー・チェン（１９５４年）、安倍晋三（１９５４年）、所ジョージ（１９５５年１月）、今井美樹（１９６３年）、浜田雅功（１９６３年）、松本人志（１９６３年）、ブラッド・ピット（１９６３年）、谷原章介（１９７２年）、渡部建（１９７２年）、木村拓哉（１９７２年）、マツコ・デラックス（１９７２年）、ナタリー・ポートマン（１９８１年）、柴咲コウ（１９８１年）、安達祐実（１９８１年）、ローラ（１９９０年）、池松壮亮（１９９０年）、ダレノガレ明美（１９９０年）、永野芽郁（１９９９年）

★一白水星の人の特徴

水は上から下へ流れどこへでも浸透していきます。安定しているときは穏やかで透き通り、みんなの喉を潤してくれます。

見た目は地味で控えめな印象でも、ＦＸや、投資、相場にも目が利くため金運には生涯恵まれます。

金運をさらに上げるコツは親孝行です。親と縁が薄い方でも人の面倒をよくみることをおすすめします。運とは水の流れのように、めぐりめぐって自分にかえってくるものです。

誰からも必要とされる人間関係づくりの天才です。人を集めることが得意で、人脈を広げるのが好きな方です。交際範囲も広く、調和を重んじるため人の縁に恵まれています。

嘘、偽りのない人格で発する言葉がやわらかいため、周りから安心感を抱かれます。人から相談をよく受ける理由は「この人ならわかってくれる」「この人なら信頼できる」という雰囲気があるからです。

一白水星さんの周りには人が集まっていればいるほど吉です。人の相談には乗るようにしていきましょう。夜7時以降にお酒を酌み交わしながらの人生相談に乗ることで徳を積んでいきます。頼れる兄貴的存在です。

困難を押しのける力があります。何か障害があると強い力が溢れ出し、周囲を感嘆の渦に巻き込んでいきます。

人生を切り拓いていく力があり、無から有をつくる天才です。仕事熱心で努力家です。働き者のため、一代で大事業をなし得ることができます。苦労をものともせずに進んでいくことができます。若いうちの苦労は宝です。

★こんな見た目・ふるまいをする一白水星は最強運気の持ち主！

□清潔感と色気がある
□色白、美肌。みずみずしく吸いつくようなもち肌
□異性にモテる
□見た目が上品
□質素
□苦労人
□雑談が好き
□頼れる兄貴的なふるまいをする
□ひとりでお酒をチビチビ飲む
□孤独な自分の時間が好き
□コミュニケーション能力が高い
□恋はひっそりと楽しむ／秘密の恋が好き
□愚痴を聞き流すのが得意

★適職

コミュニケーション能力を活かした仕事、水商売、漁師、料理人、作家、芸術家、印刷関連業

★さらに人生をよくするには

積極的に掃除をしましょう。特に、水回りを綺麗にしましょう。人のお世話や親孝行をしましょう。投資や夜活の充実も吉です。受験勉強や仕事は、深夜に集中するといいでしょう。得意な時間帯は「深夜」なので、この時間を効率よく使ってほしいと思います。

普段は水の流れのように淡々としていますが、台風のように一変して濁流になるときは水かさが増し山をえぐるほどのエネルギーが爆発します。マイナスの思いをためこむと、腐敗していってしまいます。心はいつも水のように流し、思いをためこまないようにしていきましょう。こんこんと湧き出る水には潤いを求めて人が集まります。一見柔和ですが、内心は頑固で、容易に他人の言うことに耳を傾けません。しかし素

直にアドバイスに寄り添ってみる柔軟さが運勢を上げていきます。

★一白水星の取扱説明書　一白水星を愛するには？

一白水星の人に話をすると、「うんうん、そうだね」と共感してはくれるものの、「人ごと」と割り切って考えているあっさりしているところもあります。何でも水の流れのように流してくれるので、愚痴をこぼしたいときは一白水星に聞いてもらうのがベストです。

人脈を広げるのが好きで、人と人とをつなげようとします。誰か人を紹介してもらいたいときには、一白水星に相談するのがベストです。人脈を活用したビジネスが大得意です。

異性にモテたいという願望があり、色事が好き。発する言葉が優しく丁寧なので、実際にモテます。一白水星のパートナーが浮気をしても仕方ありませんので、割り切りましょう。

ポイント

●愚痴を言いたいときは一白水星に。聞き流してくれる
●人脈を広げるのが得意
●一白水星の浮気は性分

★一白水星のあなた×相手との相性

●相手が一白水星……同じ星なので、価値観が似ています。お互いに本心を明かさないところがありますが、表面的には穏やかに付き合えます。一度対立すると冷戦状態が続きそうです。辛抱強さや思いやりの気持ちを持って接しましょう。

●相手が二黒土星……土星は粘土質で、あなたは水。水に土が混じれば「泥水」になってしまいます。二黒土星の堅実な態度に敬意を払って接しましょう。

●相手が三碧木星……明るく行動的な三碧木星と、物静かなあなた。正反対の組み

合わせですが、自分にない部分を尊敬し補い合える、いい関係性です。

●相手が四緑木星……あなたも四緑木星も穏やかで落ち着いているので、初対面から安らぎを感じることができます。相手への細やかな配慮を忘れないようにしましょう。

●相手が五黄土星……愛情深い五黄土星。愛のカタチにはいろいろあります。五黄土星の言葉に一喜一憂せず、「本質の愛」を探して聞くようにすると見える世界が変わってきます。

●相手が六白金星……優しく面倒見のいい六白金星からパワーを与えてもらえる関係です。プライドが高い六白金星を、あなたは柔軟に受け止めることができます。

●相手が七赤金星……なかなか自分の心をオープンにしないあなたも、話し上手な七赤金星といると開放的な気分になることができます。七赤金星も話し上手なあなたに居心地のよさを感じています。

多少口うるささを感じるかもしれませんが、目をつぶりましょう。

●相手が八白土星……あなたは表向きは柔軟であるものの、芯が強い人。頑固な八白土星と意地の張り合いになりがちです。あなたが大人になって譲ることで、相手も素直になります。

●相手が九紫火星……火の星の相手と水の星であるあなた。相手の情熱に引いてしまうことがあるかもしれません。適度な距離を保ち、九紫火星の炎を絶やさないようにしてあげましょう。

二黒土星

（1944年/1953年/1962年/1971年/1980年/1989年/1998年/2007年/2016年生まれ）

母なる大地で万物を育む星

土の星です。19億年前に大陸が出現し、地球が現れました。太陽の恵みを受けて万物を育てるところから「養育」、粘土質であることから「粘り強さ」、そして「どんな条件でも耐え抜く力」の象徴として、二黒土星が成り立っています。母なる大地であり、すべてを受け入れる母の慈愛を象徴しています。人を教え導き、育てることが得意です。

派手ではありませんが、芯が強い人。地道に植物を育てることから勤勉さを表しています。休むことなくコツコツ働き、長い年月をかけてグループの重鎮になるようなタイプです。組織のトップというよりは、補佐役、女房役として力を発揮します。日々の暮らしを大切にするという意味もあります。

★二黒土星の象徴

●方位……………南西
●時刻……………13時～17時
●季節……………晩夏～初秋
●場所……………平原、田畑、空き地、倉庫、工場、農家、母屋、野球場、押し入れ
●色………………黄色、茶色、ベージュ
●キーワード……大地、従順、家庭、倹約、準備、努力、勤勉、温和
●アイテム………コットン製品、陶器、座布団、平べったいもの、四角いもの、盆栽、古道具、古着
●命を強くする食べ物……大豆、穀物(米、麦)、お団子、お餅、かまぼこ(練り製品)、羊、鍋物、煮物　※炭水化物抜きダイエットは向いていない

★この星の有名人

高橋英樹（1944年）、草野仁（1944年）、竹下景子（1953年）、松平健（1953年）、関根勤（1953年）、阿川佐和子（1953年）、松田聖子（1962年）、茂木健一郎（1962年）、羽鳥慎一（1971年）、西島秀俊（1971年）、カンニング竹山（1971年）、光浦靖子（1971年）、伊坂幸太郎（1971年）、藤原紀香（1971年）、ディーン・フジオカ（1980年）、田中麗奈（1980年）、広末涼子（1980年）、岡田准一（1980年）、大野智（1980年）、高橋一生（1980年）、西野カナ（1989年）、岡田将生（1989年）、桐谷美玲（1989年）、錦織圭（1989年）、藤田ニコル（1998年）

★二黒土星の人の特徴

温厚で何事に対しても忠実、内外ともに柔和で、人とのつながりを大切にしており、人付き合いがマメです。このため友人も多くいます。

小さなことをコツコツするのが得意。そして倹約家です。「500円玉貯金」が趣味の方も多いようです。二黒土星の方で、５００円玉貯金をしていないならぜひいまから始めてください。貯まります。

派手な行動を取るより、じっくり地道に、ゆっくりと確実性を重視しながら生きていくほうが性に合っています。年中、「コレ」といった重要ではなさそうなことで多忙を極めているような方ほど運勢がよい人。思いついたことをじっくりとあたため取り組んでいくことが得意です。

人から「鈍い」と言われるくらいで丁度いいと思ってＯＫ。控えめながらも正義感にあふれ、正しいことを貫いていきます。

社会の中でご自身がリーダーでグイグイ引っ張るトップに立つより、セカンドでいるほうが活躍できるタイプです。

見た目は地味な方が多いですが、30歳を過ぎたら明るい色の良質な品のあるおしゃれで目立って下さい。

痩せているより、ふくよかなほうが運気が上がります。ダイエットはほどほどにしておきましょう。ご飯、お餅、団子、お饅頭、たこ焼き、お好み焼き、ピザ、パンケーキなどが命の元なので、これを抜くとエネルギー不足になります。食べることをおおいに楽しんでください。

大器晩成といわれますが、一生を通じて運勢はいいようです。地道に確実に物事に取り組んでいるので年月をかけて大成功をしていきます。

★こんな見た目・ふるまいをする二黒土星は最強運気の持ち主！

□ふくよかで丸顔
□シックな装いが似合う
□ご飯やお団子、パンケーキなど糖質が好き
□甘口醤油の味付けのおかずが好み
□行動や返事が鈍く、遅い
□雑用でいつも忙しそう
□準備をするのが好き
□ものをストックするのが好き
□子どもや植物などを育てることが得意
□おしゃべりをすることが好き
□連絡がマメ
□相手からの連絡もマメに欲しい
□５００円玉貯金が得意

★適職

教師など人を育て導く仕事、アシスタント、手先の器用さを活かした仕事

★さらに人生をよくするには

静かで、行動も控えめです。余計なことを言わず、温厚。存在に安定感があるので、周りの人は安心します。円満な人間関係を築くことができます。

一方、何か決断するのに時間がかかるため、周囲をイラつかせることがあります。しかし、二黒土星の方はそれでOKです。

二黒土星は鈍くていいのです。返事が遅くていいのです。急速な行動や即断即決をしそうになったり、そわそわしたり、焦りや怒りを感じたら、意識して「鈍く」一呼吸おいてからの判断を心がけて下さい。

また、人に認められなくても、ほめられなくても、世の中の役に立つという精神で行動してください。ナンバー2が性に合っています。コツコツ地道に積み上げる成功体験で、自信をつけていきましょう。

事前の準備を着実にこなし、「準備ならあの人に任せれば大丈夫！」と思われることを目指しましょう。

温かみのある優しい方です。愛にあふれる姿が本物です。

★二黒土星の取扱説明書　二黒土星を愛するには？

マイペースでレスポンスがゆったりとしていますが、それを指摘すると「いまやってるのに」とテンションを落とし、さらに遅くなるので要注意です。スピード感は感じられないかもしれませんが、ものごとを正しく、確実にこなしてくれるので、二黒土星のペースに任せましょう。もし、急な決断や強引な態度、派手なパフォーマンスをする二黒土星の方がいたら、焦りが先行しているので、「落ち着こう」と促していきましょう。

基本的に寂しがり屋なので、マメに連絡をしましょう。「そんなことを知ってどうするの？」と思うようなことでも知りたがりますので、小さなことでも細かく報告をしましょう。家族に二黒土星がいる場合、出かけるときには、どこに、どのメンバーと行くのか、何をするのかを知らせましょう。そして帰宅後は、何をしたのか詳細に説明しましょう。

おしゃべりが好きですが、要点にたどり着くまでに時間がかかることがあるため、「結局何が言いたいの?」と突っ込みたくなります。しかし、ぐっとこらえましょう。おしゃべりによってストレスを発散しています。しゃべらせてあげましょう。

準備に時間がかかるので、約束は早めに取りつけることが大切です。「いまから焼肉に行こう!」「あと1時間後に会議をしよう!」など、急な誘いは嫌がられます。

用意周到に準備をすることがとても得意です。「準備をお願い!」と頼むと、当日まで張り切って準備をしてくれます。イベントの来場者へのお土産をどうするか、いつ、どういった演出をするかなどを考えることが好きなので、必ず相談しましょう。相談や報告をしないと、「なぜ教えてくれなかったの?」と寂しがります。

前に出てリーダーシップを発揮するというよりも、縁の下の力持ちでいるほうが活躍できます。人の面倒を見るのが得意で、辛抱強く人を教育してくれるので、後輩の相談役などが適任です。慈しみの愛に満ちている人なので、正義感を持って、正しく人を導いてくれます。

ポイント

●連絡や報告はマメに
●二黒土星のペースに任せる
●人を育成するのが得意

★二黒土星のあなた×相手との相性

●相手が一白水星……本心を明かさず、水のようにどこかに流れていってしまうので、献身的に尽くしても反応が得られずもどかしい思いをするかもしれません。一白水星は自由人だと認識しましょう。

●相手が二黒土星……同じ星同士、理解し合える関係ですが、お互いに補佐役が性に合っているため、物事が進展しません。相手が二黒土星の場合はあなたがリーダーシップを発揮しましょう。

●相手が三碧木星……三碧木星のスピード感についていけず、またストレートな物言いに傷ついてしまうことがあるかもしれません。距離を置きつつ、「そういう人だ」と割り切りましょう。

●相手が四緑木星……要領がよく、世渡り上手な四緑木星をうらやましく思う一方、感覚のズレを感じることがあるかもしれません。相手のよさを尊敬できるといいでしょう。

●相手が五黄土星……ワンマンな五黄土星に振り回されがちですが、そこさえ目をつぶれば良好な関係が築けます。お互いに情が厚いので、仲よくなればなるほどかけがえのない存在に。

●相手が六白金星……仕事熱心でリーダータイプの六白金星と、尽くすことが得意なあなたは、相性ぴったり。足並みをそろえ、目標に向かって進んで行くことができます。

●相手が七赤金星……華やかで楽しい七赤金星。楽天的で軽薄に感じることがあるかもしれませんが、憎めないと感じるでしょう。七赤金星も、あなたといると穏やかな気持ちになることができます。しっかり者のあなたが手綱をにぎりましょう。

●相手が八白土星……確実性を重視する土星同士、感覚が合うと感じるでしょう。献身的な愛を持って接すれば、こたえてくれます。夫婦になれば、堅実な家庭を築けます。

●相手が九紫火星……アイデア豊富でセンスのある九紫火星からの影響で視野が広がります。九紫火星は飽きっぽいので、あなたの粘り強さでカバーしてあげましょう。

三碧木星

（1943年／1952年／1961年／1970年／1979年／1988年／1997年／2006年／2015年生まれ）

芽吹きを表すエネルギッシュな星

木の星であり、雷星《かみなりぼし》でもあります。地球に大雨が降り、雷鳴が鳴り響き、大地が震え万物の生命をつくってきました。雷は大地を震わせ、音響となり、空気を震わせ、はるか彼方まで雷鳴を轟かせていきます。パワフルなエネルギーの持ち主です。

無から有を起こす気を加速させる星です。「発展」「進展」「上昇」などを表す活動的な星です。起業を始める方、もっと飛躍したい方に、三碧木星の力は欠かせません。

一方で雷の凶作用を引き起こすと、ヒステリーを起こし相手を責め立て、すべてを破壊し燃やしていきます。いったん怒り出したら歯止めが効かず、意図せずしてすべてをなくしてしまいます。発散した三碧木星はすっきりとしていますが、されたほうは立ち直れないほどのダメージを受けています。過去を振り返らない三碧木星は、周りがついていけていないことにも気がついていません。

心には嘘がなく、思ったことを口にしているだけです。爆発させるエネルギーは三碧木星の特技です。

★三碧木星の象徴

●方位……………東
●時刻……………5時～7時
●季節……………春
●場所……………コンサート会場など音楽のある場所、パチンコ店、ゲームセンター、テレビ局、八百屋、森林、発電所
●色………………青
●キーワード……音楽、スピード、猛進、声、元気と明るさ、発見、軽率、若さ
●アイテム………楽器、テレビなど音の出る電化製品、鐘、鈴、花火、新商品
●命を強くする食べ物……葉物野菜(サラダ)、柑橘類、酢の物、寿司、緑茶

★この星の有名人

加藤茶（1943年）、中島みゆき（1952年）、夏木マリ（1952年）、小柳ルミ子（1952年）、小池百合子（1952年）、徳永英明（1961年）、藤あや子（1961年）、哀川翔（1961年）、三谷幸喜（1961年）、中山美穂（1970年）、桜井和寿（1970年）、マライア・キャリー（1970年）、工藤静香（1970年）、岡村隆史（1970年）、永作博美（1970年）、堂本剛（1979年）、窪塚洋介（1979年）、杉村太蔵（1979年）、佐々木希（1988年）、新垣結衣（1988年）、吉高由里子（1988年）、戸田恵梨香（1988年）、松坂桃李（1988年）、中条あやみ（1997年）

★三碧木星の人の特徴

雷星《かみなりぼし》で、非常にエネルギッシュです。「春雷《しゅんらい》」という言葉のように、さわやかでカラッと明るく、若々しい行動力に満ちています。学ぶことが好きで、学ぶことに生きがいを感じる方が多くいます。

「学び」へのこだわりが強いため、どんなに学歴がよくても、「本当は別の学校に行きたかった」とコンプレックスを持つ人もいます。

じっとしていることが苦手で、考えるよりも先に体が動くタイプです。新しいことや珍しいことが好きで、流行にも敏感。頭の回転が速いため、弁も立ちよくしゃべります。

弁が立つ一方で、問題解決の糸口になるようなことはほとんど言いません。

軽く見えますが、実は最も口がかたく、秘密は守ります。そして、我慢強く責任感もあり、九星の中で最も生活設計がしっかりしています。

★こんな見た目・ふるまいをする三碧木星は最強運気の持ち主！

□年齢より若く見える
□若いうちから成功を手にする
□早起きが得意。朝から元気
□おしゃべりは得意。弁が立つ
□返事や話し声が大きく、ハキハキとしている
□常に前向き。失敗しても落ち込まない
□じっとしているよりも動いているほうが好き
□遅刻はしない
□やるべきことからは逃げずに取り組む
□新しいことや、今後の目標を考えるのが大好き
□過去のことをすぐに忘れる
□意外と口はかたい
□人生はお金より、夢や希望が大事だと考えている

★適職

ミュージシャンなど音楽に関わる仕事、声優、アナウンサーなど声を使う仕事、マスコミなど流行を追う仕事、医師、エネルギー関連事業、造園関係

★さらに人生をよくするには

明るく、エネルギッシュで、明朗快活な方です。裏表のないさっぱりとした性格が長所です。

一方、思いつきを口にしたり、根拠のない話を次々とするので、周りが「ついていけない」と思うこともあります。また、他人にどんなにひどいことを言っても、三歩歩いたら忘れてしまうようなところがあります。

雷星でヒステリックを起こしやすい星ですが、その後本人はあっさりしていますから、周りにいる人はたまったものではありません。ひとりで周囲を騒がせていることを自覚して、周りの温度やスピード感を冷静に見れるようになるといいでしょう。

あなたの持つ大きなエネルギーを怒りに使えば燃えてなくなってしまいます。

雷の電磁波で空気を浄化するように、あなたがいるだけで周りが楽しくなる、そんな雰囲気を醸し出せるといいでしょう。

次々と新しいアイデアが浮かびますが、飽きっぽくすぐに忘れてしまいます。思いついたことを、気長に推し進めていく持続力を保つといいでしょう。

★三碧木星の取扱説明書　三碧木星を愛するには？

本来はとても真面目な性格なのに、三碧木星の人はなぜかそう見られたくないようで、照れくささから自分の自虐ネタを披露したりユニークな発言をしがちです。

こういった三碧木星の特有のおちゃらけた雰囲気に惑わされそうになりますが、この星の人に「軽い」「おしゃべりね」と言うのは失言です。また、努力家ですがそれを隠したがるので、「陰で努力しているのを知っているんだよ」といった発言もNG。裏の苦労を指摘されたくはないのです。

三碧木星さんは明るく、前しか見ていない人。新しいことを次々に思いつくので、「そのアイデアいいね！」「私には思いつかなかった」とアイデアをほめたり、前向きな話をするのがいいでしょう。今後のビジョン・目標を語るのが大好きなので、同じように自分の夢を語ると盛り上がります。

一方、実現可能性については何も考えていないのが三碧木星さんの特徴なので、問題の具体的な解決策を相談したい場合は、別の星の人にアドバイスをもらったほうがいいでしょう。お金の計算も得意ではありません。

せっかちなので、三碧木星さんに頼まれた用事はすぐにこなしましょう。そうしないと、自分が用事を頼んだことさえ忘れてしまうのがこの星の特徴です。

東を担当する星なので「朝日」の意味があります。物事の始まりには必要不可欠の人物です。話し合いの場では、いちばんに口火を切ってくるでしょう。そうしてもらうことですぐに場があたたまります。

三碧木星さんの長所は、人をやる気にさせてくれる力があることです。起動力、立ち上がりのパワーを得たいとき、元気がほしいときにはこの星の側にいるだけで元気になります。

ポイント

●スピード感を意識
●前向きな話をする
●人をやる気にさせてくれる

★三碧木星のあなた×相手との相性

●相手が一白水星……そそっかしいあなたを優しく見守ってくれます。一白水星は物静かで孤独の影がありますが、アクティブなあなたといると明るい気持ちになることができます。

●相手が二黒土星……慎重な二黒土星は、あなたのチャレンジ精神にブレーキをかけがち。二黒土星は、リスクヘッジや準備を重んじます。堅実で勤勉な二黒土星のよさを認める努力をしましょう。

●相手が三碧木星……同じ星同士ノリが似ているので、すぐに仲よくなれます。ただ、お互いに人の話をあまり聞かないところがあるので、自分の話は控えめに。ひとりよがりなところも似ているので、相手の言い分に耳を傾ける努力を。

●相手が四緑木星……主張を押し通したいと考えるあなたを、受け止めてくれる包容力があります。お互いに未来志向で、外の世界に目を向けながら成長していくことができます。

●相手が五黄土星……懐の深い五黄土星ですが、あなたのわがままな態度には振り回されがちです。自己主張をおさえ、五黄土星に敬意を払えば、素直に相手に従うことができて良好な関係が築けます。

●相手が六白金星……六白金星の上昇志向や行動力に圧倒されそうになるかもしれませんが、物事を進めていくリズム感は似ています。わからないことは単刀直入に質問するなど白黒はっきりさせながら進めましょう。

●相手が七赤金星……社交的で話し上手な七赤金星が魅力的に思えますが、本来生真面目なあなたは相手の軽薄に見える言動が理解できないこともあるかも。違う見方にこそひらめきがあります。聞き役に徹しましょう。お互い、「楽しいこと」が好きな星なので、おもしろさが増します。

●相手が八白土星……八白土星から見ると、感性で生き、行動するあなたはうらやましくも危なっかしくうつっています。あなたの真面目な部分をアピールすれば信頼を得られます。八白土星は身内を大切にしてくれるので、好かれれば大切にしてくれます。あなたは八白土星のあこがれでもあるのです。

●相手が九紫火星……頭がよくオシャレで、あなたにとってあこがれの存在。九紫火星もあなたのパワフルな行動力を評価しています。プライドが高いところがあるので、強引な主張は避けましょう。

四緑木星

（1942年／1951年／1960年／1969年／1978年／1987年／1996年／2005年／2014年生まれ）

さわやかな風で木々を揺らす星

木の星であり、風の星です。三碧木星で雷が起き、四緑木星で風が吹きます。春から夏にかけてのさわやかな季節を意味しています。万物が成長し発展を起こしてエネルギーに満ちあふれている季節です。

風は「何処吹く風」といったように気ままで、そよ風のように頬を撫でるかと思えば、突風が起きたり、上昇気流を起こす竜巻であったりとさまざまな表情を見せてくれます。

とてもバランスのいい星で、四緑木星さんは誰とでも仲よく上手に人間関係を築いていくことができます。

★四緑木星の象徴

●方位……………東南
●時刻……………7時～11時
●季節……………晩春～初夏
●場所……………空港、港、駅、線路、神社、風通しのいい場所(玄関・出入口)、郵便局
●色………………緑
●キーワード……遠方、情報、トレンド、信用、評判・噂、営業、人気、旅行
●アイテム………うちわ、扇風機、木製品、パソコンや電話などの通信機器、手紙、糸など長いもの、香水など香りのいいもの
●命を強くする食べ物……麺類、春雨、うなぎ、ごぼうなど繊維質な野菜、燻製、ねぎ、パクチーなど香味野菜

★この星の有名人

三宅裕司（１９５１年）、笑福亭鶴瓶（１９５１年）、黒木瞳（１９６０年）、氷室京介（１９６０年）、佐藤浩市（１９６０年）、福山雅治（１９６９年）、武豊（１９６９年）、的場浩司（１９６９年）、森高千里（１９６９年）、加藤浩次（１９６９年）、東幹久（１９６９年）、石田ゆり子（１９６９年）、持田香織（１９７８年）、ＤＡＩＧＯ（１９７８年）、浜崎あゆみ（１９７８年）、長瀬智也（１９７８年）、椎名林檎（１９７８年）、長澤まさみ（１９８７年）、高良健吾（１９８７年）、絢香（１９８７年）、加藤シゲアキ（１９８７年）、小松菜奈（１９９６年）、池田エライザ（１９９６年）、三吉彩花（１９９６年）

★四緑木星の人の特徴

バランスの星、四緑木星の方は、社交性と協調性に優れ、何よりも調和を大切にします。同じ木星でも、三碧木星の方が誰にでも同じように接するのに対し、四緑木星の方は相手に合わせて、相手の気持ちを汲み取って行動することができます。

穏やかで人と争うことがないので、よく慕われます。義理堅く、人情もろいところがあり、人から信頼されやすい方です。

わがままな人を荷車に乗せて、走らせることが運を開くコツです。みんなの面倒を見てあげることが人生で最も大切です。ときに面倒になることもあるかもしれませんが、人のお世話こそ自己実現の最短距離です。

三碧木星と異なり、お金の計算をすることができるので、たくさん儲けて、たくさんの「わがままな人」を担いで、使命を果たしてください。


情報通で、自分が何でも知っていたいのも四緑木星の特徴です。「風の便り」「噂」を意味しています。流行りには敏感で、情報収集は得意。また、集めた情報を整理する能力にも長けているので、情報・マスコミ系の仕事に向いています。風に乗って遠くへ行くイメージから、貿易という意味もあります。

★こんな見た目・ふるまいをする四緑木星は最強運気の持ち主！

□穏やかで思いやりがある
□親離れや自立が早かった
□整理整頓が得意
□旅行や出張が好き
□人の縁に恵まれている
□髪がふさふさ
□髪がキレイ
□対人関係スキルが高い
□状況や相手に柔軟に合わせられる
□営業や外回りの仕事が好き
□人の悪口や噂話はしない
□人当たりがいい
□義理堅い

★適職

旅行関連の仕事、外交関連の仕事、貿易業、セールスマン、情報通信業

★さらに人生をよくするには

四緑木星は「青年星」です。

独立志向性が強いため、会社勤めをしたり事業を継ぐよりも、チャレンジしていく起業が向いています。若い頃からチャンスに恵まれた人生を送り、成功させていきます。早くから親元を離れて、人生設計をしていくことが何よりも大切です。

中年期に入ってからの発展は難しいと考え、中年期までに人生を安定させておきましょう。ただ、時期を過ぎた方でも大丈夫です。気学で運気をアップさせていきましょう。

金運に関しては、投資やＦＸ、賭け事は金運を下げます。本業で活躍しましょう。

四緑木星はさわやかな風、穏やかな春風のように生きていけると幸運に恵まれます。

非情は金運を落としますので注意してください。

他人には人当たりがよく、さわやかで素敵ですが、身内や家族には言葉少なく、無愛想で、不機嫌な振る舞いをしがち。釣った魚には餌をやらないタイプです。四緑木星とお付き合いする方は豹変ぶりに驚きます。言い方を変えれば、身内になった証かもしれません。四緑木星の方は意識して身内には「親切」に接して生きましょう。それがご自身の幸せの近道です。

★四緑木星の取扱説明書　四緑木星を愛するには？

人との調和や人間関係をとても大切にするのが四緑木星の特徴です。和を乱すようなふるまい、自己中心的なふるまいをすると嫌がられます。

一方、そんな自己中心的な人を担いでいってくれる体力を持っています。問題児のお世話が得意なので、いわゆる「面倒な人」がいたら四緑木星に任せましょう。うまく対処してくれます。人間関係を円滑にしたいときには大変頼りになります。

風の星であり、「いい便り」も「悪い便り」も常に気にしています。このため、「〇〇さんが、四緑木星のあなたに調整を頼むとスムーズに進むって言っていましたよ」など、人づての評判を伝えるととても喜び、モチベーションを上げてくれます。

五行においては知恵の星である「火星」を求めているので、知的な人、おもしろい情報を持っている人が好きです。火星は「目標」という意味もあるため四緑木星は常に前向き。世の中をよくしたい、世間に新しい風を吹かせたい、と思っているので、四緑木星の人に相談するときには「世の中をよくするために、こうしたい。だからアイデアをお借りできますか」と声をかけましょう。

風のように遠くに行きたがる傾向があるので、遠方への出張など喜んで飛んで行ってくれます。

ポイント

●人間関係の調整役に最適。子育ても得意
●評判が気になる
●遠方へ行きたがる。旅行が好き

★四緑木星のあなた×相手との相性

●相手が一白水星……穏やかで人当たりのいい一白水星と、同じように協調性を大切にするあなたは理解し合える関係です。相手は芯が強いので、相手にリードを任せてＯＫです。

●相手が二黒土星……確実性を求める二黒土星にとって、すぐに外に目が向くあなたは風のようにふわふわとしていて、理解できない存在です。相手の意見に耳を傾け、尊敬の気持ちを持ちましょう。

●相手が三碧木星……エネルギッシュな三碧木星と温和なあなたは一見正反対に見えますが、同じ木星同士、未来を見ているため考え方が似ています。そそっかしい三碧木星をフォローしてあげましょう。

●相手が四緑木星……四緑木星同士、息が合っています。お互いに優柔不断なところがあるので、あなたが決断をしていけるといいでしょう。

●相手が五黄土星……自己中心的な態度を取る五黄土星のことを理解できないかもしれません。時間をかけて相手を理解しつつ、相手の強引さを包み込める懐の深さを持てるといいでしょう。

●相手が六白金星……六白金星の辞書に「協調性」という言葉はありません。そんな相手のことを理解できないかもしれませんが、相手は正義感を持って行動しているだけです。価値観を認めましょう。

●相手が七赤金星……どちらも社交的なので、距離が縮まるのは早いでしょう。七赤金星のほうが自由奔放なので、協調性のなさが気になるかもしれませんが、あなたが本音で接すれば、相手も期待にこたえてくれるはずです。

●相手が八白土星……はじめは考え方やセンスが合わないと感じるかもしれませんが、現実的に物事を進める八白土星を次第に信頼するようになるでしょう。

●相手が九紫火星……知的で美的センスにも優れた九紫火星は、あなたにとってあこがれの存在。相手の自由奔放さをあなたがどれだけ受け入れられるかが、関係がうまくいくかどうかを左右します。

五黄土星

（１９４１年／１９５０年／１９５９年／１９６８年／１９７７年／１９８６年／１９９５年／２００４年／２０１３年生まれ）

生と死を意味する、９つの中心星

土の星です。腐敗、発酵の意味があり、すべての生命体が命をまっとうし、土に戻り、分解し再生していく力を表しています。

大自然界は常に変化し続けて、栄枯盛衰を繰り返しています。宇宙のすべての生命体は熱を失い、形を変え、質を変えて土へと還元します。この自然作用のことを「五黄土星」といいます。万物は土に還るときに熱を放ち、暖かく包み込んで発酵します。五黄土星さんは有事の際に能力を発揮し、特に組織の深刻な問題など、腐敗したトラブルの原因を突き止め解決する力があります。

一方、その強烈なエネルギーによって万物を死滅させる星とも呼ばれ、二面性を持っています。「大統領からマフィアのボスまで」というのが、五黄土星のイメージです。九星の中心は五黄土星です。中心にいる五黄土星には誰も逆らえず、逆らわないほうがいいのです。

★五黄土星の象徴

●方位……………中央
●時刻……………なし(朝と昼の間、昼と夜の間、夜と朝の間)
●季節……………なし(四季の土用)
●場所……………荒地、焼け跡、墓地、火葬場、未開地、廃墟
●色………………黄色、茶色、ベージュ
●キーワード……中央、支配、破滅、腐敗、古い、滅亡、葬儀、天変地異
●アイテム………壊れたもの、古道具、不要なもの、売れ残ったもの、粗悪品
●命を強くする食べ物……発酵食品(酒粕、麹、味噌、納豆、ヨーグルト、チーズ)

★この星の有名人

徳光和夫（１９４１年）、田嶋陽子（１９４１年）、萩本欽一（１９４１年）、ボブ・ディラン（１９４１年）、渡哲也（１９４１年）、和田アキ子（１９５０年）、舘ひろし（１９５０年）、池上彰（１９５０年）、内田春菊（１９５９年）、渡辺謙（１９５９年）、鈴木京香（１９６８年）、松下由樹（１９６８年）、野茂英雄（１９６８年）、ウィル・スミス（１９６８年）、勝間和代（１９６８年）、山里亮太（１９７７年）、松たか子（１９７７年）、菅野美穂（１９７７年）、氷川きよし（１９７７年）、安室奈美恵（１９７７年）、市川海老蔵（１９７７年）、レディー・ガガ（１９８６年）、沢尻エリカ（１９８６年）、北川景子（１９８６年）、石原さとみ（１９８６年）、川口春奈（１９９５年）

★五黄土星の人の特徴

九星の中でも特別な星で、星の中心である「帝王」の座に位置しており、ほかのすべての星を統べる存在です。このため、強い信念と大胆な行動力がある人です。生まれながらにして、どんな社会でもリーダーとなる資質を持っています。九星の中で最も愛が深く、包容力と思いやりがあり、周囲の面倒も見るのでたくさんの人に頼りにされます。

一方、五黄土星は「壊乱の星」でもあり、一筋縄ではいきません。この星の人には極端な面があり、リーダーとして人望が厚かったり、大変慈悲深い人がいるかと思えば、極悪非道ならず者もいるといった始末です。いずれにしても非凡な星で、これがいい方向に活かされるかネガティブに出るかで性格も運気も大きく変わります。

他人にどう思われていようと気にしていないようなところがあり、協調性には乏しい人。ワンマンなので、人に使われることが苦手です。その点は次に掘り下げる「六白金星」に似ていますが、六白金星よりもワンマン度合いが強いのが五黄土星というイメージです。自営業者として独立したり、特殊な能力を活かす道に進むことで、納得のいく人生になるでしょう。

五黄土星の役割と使命を明確にすることが運を開くコツです。頼りにされるほど、命が輝きます。

★こんな見た目・ふるまいをする五黄土星は最強運気の持ち主！

□何事にも動じない。包容力がある
□愛想がいい方ではない
□口数が多い方ではないが、存在感がある
□度胸や実行力がある
□仕事はだまって淡々とこなす
□年下の人や、立場の弱い人に優しい
□いいかげんなことは言いたくない
□物事の全体像や構造を分析・把握するのが得意
□問題を確実に解決へ導こうとする
□遅刻常習犯だが、他人の遅刻にも寛容
□自分の見た目はあまり気にしない
□他人の見た目もあまり気にならない。中身を重視する
□美肌である

★適職

政治家、独立起業家、スポーツ選手、宗教家、葬儀関連事業、古物商

★さらに人生をよくするには

我が強く、プライドが高いので、ライバルと猛烈な争いを起こすこともあります。もともと五黄土星は「生と死の星」「明と暗の星」ともいわれ、ほかのすべての星を統率する「帝王の星」です。すべてを生み育てる力と、すべてを壊滅させる恐ろしい力を同時に持っています。

押しが強いため、知らず知らずのうちに相手を自分の思い通りに動かしたい、という気持ちが生まれることもあります。そうすると敵も多くなってしまいます。わがままや自己中心的なふるまいをおさえて、節度ある生活を心がけましょう。色欲に溺れがちなので注意しましょう。

ものごとを素直に受け止める力、施しの精神、人生を明るく肯定的にしていこうと考える心さえあれば、持ち前の強い信念と個性で成功することは間違いありません。

常に、他人に対する慈愛の精神、包容力を大切に。特に、自分よりも弱い立場の人に対する思いやりの心を忘れないようにしましょう。整理整頓は苦手ですが、身の周りの環境を整備していくことで運勢が強くなります。

★五黄土星の取扱説明書　五黄土星を愛するには？

基本的に素直な性格ですが、他人の顔色を見たり相手に合わせたりすることがないので誤解されやすい性格でもあります。いつも不機嫌でふてくされているように見える人もいますが、それが素の状態の五黄土星さんです。

物静かですが、だからといって放っておくと機嫌が悪くなります。存在意義は大きく、八方にエネルギーを発しています。いつも話の中心に置いておきましょう。

万物の根源で、みんなの困りごとに対応してくれる大きな器の持ち主です。特に非常事態に強いのが特徴で、周りがあたふたとしているとなぜか突然采配を振り出し、問題を解決していきます。困ったときに頼ると、愚痴ひとつ言わずに淡々と仕事をこなしてくれます。ただ、頼られるのが好きなわけでは決してないので、お願いするときは丁寧に頼みましょう。「やる」と決めたら責任を持って取り組みたいタイプなので、詳細がわからないことは引き受けたくないのです。「とりあえずお願い！　詳細はあとで説明するから」と言われるのが何よりも嫌いです。

石垣を組むようにひとつひとつ確実に物事を進めたい人なので、してくれた行動を細かくほめると喜んでくれます。

五黄土星さんはキャパシティが大きく、すべてをあたたかく包んでくれる優しさがあります。ぶっきらぼうなのでその愛が読み取りにくいこともありますが、本物の愛です。安心して付き合っていきましょう。

ポイント

●とりあえず話の中心に置いておく
●非常事態に問題解決能力を発揮する
●行動を細かくほめると喜ぶ

★五黄土星のあなた×相手との相性

●相手が一白水星……裏表のない性格のあなたにとって、秘めごとの多い一白水星はよく理解できない存在かもしれません。相手はあなたのおせっかいを疎ましく感じるので、適度な距離を保ちましょう。

●相手が二黒土星……お互いに情が厚く、理解し合える存在。あなたは相手のことをフォローしようとするため、相手に感謝されるでしょう。

●相手が三碧木星……無理に合わせようとしなくても、自然体で接していればＯＫ。コロコロ様変わりする三碧木星の言動に振り回されそうになるかもしれません。信じられないかもしれませんが、三碧木星には筋の通ったストーリーがあるのです。理解しなくてもいいので、「元気でいいね」くらいで見守りましょう。

●相手が四緑木星……フワフワと風のようにつかみどころがない四緑木星に歯がゆい思いをするかも。本音で話し合うことで、信頼関係を築くことができます。

●相手が五黄土星……個性が強い者同士ですが、息はぴったり。共通の目標があれば、それに向かって協力しながらお互いの力を十分に発揮することができます。

●相手が六白金星……責任感と包容力のある六白金星に、あなたは大きな信頼を寄せるでしょう。現実的にしかものを考えられないあなたにとって、正しい理想を掲げる相手は尊敬できる存在です。

●相手が七赤金星……明るく社交的で、話題豊富な七赤金星を魅力的に感じるでしょう。相手は意外と細やかな神経の持ち主なので、余計なことは言わないように注意しましょう。

●相手が八白土星……お互いに情が厚いため、仲よくなれば強い信頼関係が継続するでしょう。自己中心的なふるまいをおさえて接しましょう。

●相手が九紫火星……相手からパワーをもらい、飛躍できます。気を張りがちな九紫火星も、あなたといると安心できます。九紫火星の自己主張は、物事をよくしたいという心の表れだと理解しましょう。

六白金星

（１９４０年／１９４９年／１９５８年／１９６７年／１９７６年／１９８５年／１９９４年／２００３年／２０１２年生まれ）

高貴な金の星

金の星です。「天の星」を意味しており、品位や風格、威厳、権力を象徴しています。権力と名声を追い求めるタイプで、大金持ちを目指すことができます。

季節は晩秋で、秋晴れの大空を思わせる、公明正大な人です。曲がったことが嫌いで、理想が高く、プライドも高いでしょう。

また、秋は実りの季節です。たくさんの収穫物で満たされていて、充実した人生を送ることができます。すべてにおいて恵まれた人生で、九星の中で最も強運の持ち主です。

担っている使命も大きいので、奉仕の心、施しの精神を大切にしていきましょう。

★六白金星の象徴

●方位……………北西
●時刻……………19時~23時
●季節……………晩秋~初冬
●場所……………神社仏閣、首都、国会議事堂、高級ホテル、高級住宅街、競技場、競馬場、銀行
●色………………金、銀、プラチナ、パール
●キーワード……天、完全、目上、権威、高貴、スポーツ、政治、勝負、ギャンブル、資産家
●アイテム………飛行機や電車など速い乗り物全般、貴金属、高級品、鉱物、株券、パソコンなど
●命を強くする食べ物……餃子、巻き寿司、いなり寿司、ロールケーキ(カステラ)、天ぷら、しゅうまい、干物、カツオ節、高級和菓子、かき氷

★この星の有名人

板東英二（１９４０年）、王貞治（１９４０年）、ジョン・レノン（１９４０年）、柳井正（１９４９年）、武田鉄矢（１９４９年）、矢沢永吉（１９４９年）、テリー伊藤（１９４９年）、秋元康（１９５８年）、マイケル・ジャクソン（１９５８年）、安藤優子（１９５８年）、小室哲哉（１９５８年）、堀ちえみ（１９６７年）、坂上忍（１９６７年）、松岡修造（１９６７年）、ジュリア・ロバーツ（１９６７年）、伊集院光（１９６７年）、オダギリジョー（１９７６年）、木村佳乃（１９７６年）、井川遥（１９７６年）、松山ケンイチ（１９８５年）、綾瀬はるか（１９８５年）、山下智久（１９８５年）、ウエンツ瑛士（１９８５年）、宮崎あおい（１９８５年）、山崎賢人（１９９４年）、二階堂ふみ（１９９４年）、羽生結弦（１９９４年）

★六白金星の人の特徴

強運の持ち主です。完璧主義で自尊心が強く、負けず嫌いでプライドが高いのが特徴です。「社会的に自分が正しいかどうか」を常に自分に問いかけ、社会に恥ずかしくない人間であるために向上心を持って行動します。

「白か黒か」「やるかやらないか」がはっきりしており、竹を割ったような性格です。頭の回転が速く、効率的に行動をすることを好みます。一切の無駄を嫌い、タイムマネジメントには厳しいです。

他人ができないことを横暴に指摘する一面があるにもかかわらず、人からの助言にはもろく、心が傷つきやすいタイプともいえます。人に意見するくせにナイーブで繊細です。

愛嬌のある方ではなく、お世辞を言うタイプでもありませんが、思いやりがあり、気配りが完璧。おもてなしの達人です。

年下には面倒見がいいので慕われます。一方、年上にも関係なく意見するので、年上から疎まれることがあります。

★こんな見た目・ふるまいをする六白金星は最強運気の持ち主！

□頭脳明晰で能力が高い
□目上の人にも意見する。人に頭を下げるのは好きじゃない
□どことなく品格が備わっている
□人一倍責任感が強い
□白か黒かはっきりとした性格
□純粋な性格
□気配り・おもてなしが得意
□人の面倒を見る役回りが多い
□仕事が大好き。手を抜くことはない
□人や世の中の役に立つことに喜びを感じる
□約束は絶対に守る
□負けず嫌い
□人から慕われる。支援者が多い

★適職

政治家、銀行員、法律家、投資家、トレーダー、ギャンブラー、運転士、宝石商、繊維関係

★さらに人生をよくするには

強運の持ち主で、夢を現実にしていく実行力が備わっています。どうぞ、大きな夢を描いて実現していってください。世界経済を動かすのは、六白金星です。自由にアイデアをカタチにしてください。

商売上手で頭の回転が速いので、その知恵をみんなに惜しみなく伝授することで、さらなる支援者に恵まれます。

運勢がよく、はっきりした性格なので、「傲慢だ」と思われがち。穏やかさを持って人に接すればさらに人生は向上していきます。

能力があるため、「他人に頼むより自分でやったほうが早い」と思う場面が多々ある

と思いますが、個人戦より、チーム戦で成果を上げましょう。そのほうが、より大きな目標を達成できます。人に動いてもらうために、「お願いします」と、魔法のキラーフレーズを使っていきましょう。この言葉に、六白金星がチャーミングな笑顔を添えれば、鬼に金棒です。

金運に関しては、おおいに稼ぎ、おおいに散財する人生です。それが生きる原動力になりますのでどうぞ楽しんで下さい。「豪快に使うこと」が性に合っています。ギャンブルも好きで盲目的にのめり込んでしまいがちなので、注意してください。勝負ごとは仕事で行いましょう。必ず成功します。

また美味しいものを、楽しくいただくことで運が上がります。どんどん、美味しいものを食べてください。

生まれながらに品格が備わっている六白金星。上質なオシャレも楽しんでください。時計、ダイヤのネックレス、指輪はラッキーアイテムなので意識して使ってください。

金銭的な苦労はないものの、親やきょうだいへの出費が多くなるでしょう。喜んで使ってＯＫです。使えば使うほど、仕事運が上昇します。
親孝行、地域の活動、ボランティア活動が幸運のカギです。奉仕の心を先に持ち、行動に移しましょう。

★六白金星の取扱説明書　六白金星を愛するには？

物事に白黒つけたがる六白金星さん。この人の辞書に「アンニュイ」「ファジー」という言葉はありません。何か聞かれたら、イエスかノーか明確に答えるようにしましょう。

自分自身が効率的で仕事もできることから、他人にも同じことを要求してきます。「他人の時間の無駄」まで気になるのが六白金星さんで、「もし時間が空いたら読書していていいよ」「カフェで資料づくりしていてもいいよ」など、こちらの時間の使い方まで細かく指図をしてきます。六白金星さんと仕事をするときは、効率とスピードを意識しましょう。

プライドが高く、人から指図をされることが好きではありません。人に教えられても、自分なりに解釈して違うやり方を試したりします。六白金星さんのミスや間違いは指摘せず、本人が気づくまで放っておきましょう。

リーダーが運の強い六白金星さんの場合、その組織の発展は間違いありません。安心して従いましょう。

ポイント

●返事はイエスかノーか明確に
●効率・スピードを意識する
●間違っていても本人が気づくまで指摘しない

★六白金星のあなた×相手との相性

●相手が一白水星……あなたの勝気な性格を優しく包み込んでくれる一白水星。あたたかい愛情でサポートしてくれます。本心を見せたがらない一白水星も、不思議とあなたには本音を話してくれます。

●相手が二黒土星……理想に向かって突き進むあなたを上手にサポートしてくれま

す。主導権を握っているのはあなたでも、二黒土星から癒しのパワーを受け取っています。感謝しましょう。

●相手が三碧木星……無計画に行動する三碧木星。価値観が違ううえに、お互いに強情なので衝突しがちです。あなたが相手に対してあれこれ要求しすぎないようにしましょう。

●相手が四緑木星……優柔不断な四緑木星の態度は理解不能かもしれません。あなたが決断したほうが物事が早く進みます。調和を大切にする四緑木星は組織に欠かせません。長所を認めましょう。

●相手が五黄土星……プライドが高いあなたのことを大きな心で受け止めてくれる五黄土星。気の強さはあなたと同等ですが、強い信頼関係があるので亀裂が生じることはないでしょう。

●相手が六白金星……同じ価値観を持つ最高のパートナー。共通の目的に向かって協力し合うことができます。六白金星のプライドの高さには目をつぶりましょう。

●相手が七赤金星……落ち着いているあなたと、明るく楽しい七赤金星。いいコンビです。七赤金星もプライドが高いので、意見を尊重し、相手のやり方に口を出しすぎないようにしましょう。

●相手が八白土星……お互いに誠実で向上心があり、尊敬し合える関係。小さな問題に目をつぶることができれば最高のパートナーです。活動的なあなたのピンチを救ってくれる頼もしい相手でもあります。

●相手が九紫火星……九紫火星の情熱的なペースに巻き込まれそうになりますが、あなたは自分のやり方を貫きたいタイプ。苦労することもあるかもしれません。心に余裕を持って接しましょう。

七赤金星

（1939／1948年／1957年／1966年／1975年／1984年／1993年／2002年／2011年生まれ）

生き物たちに喜びを与える星

金の星です。六白金星の晴天が続いたあと、西から秋風が吹き、大地に降り注いだ雨が集まって「沢」となり、生物たちに潤いと喜びを与えました。

七赤金星の方は、趣味に生きることで経済が発展します。仕事に楽しさを見出せるかそうでないかが最も重要で、そうでないならやめたほうがいいでしょう。

自分の感覚に従って、人生をおおいに謳歌していきましょう。そこに喜びがあるか、感動があるかがすべての行動指針になります。「悦び星」で、楽しいことが大好きです。周囲に悦びを与えていくことでご自身の運も上昇します。

★七赤金星の象徴

●方位……………西
●時刻……………17時～19時
●季節……………秋
●場所……………沢、沼地、歓楽街、飲食店、バー、喫茶店、遊園地、結婚式場
●色………………ピンク、オレンジ
●キーワード……よろこび、笑い、歯、キス、愛嬌、飲食、たわむれる、金銭、贅沢、酒席、口論、色情、遊び人、趣味
●アイテム………現金、金属製のもの、刃物
●命を強くする食べ物……お酒、コーヒー、唐辛子（キムチ、豆板醤、一味、七味）、卵、鶏料理、秋の果物

★この星の有名人

中村玉緒（1939年）、沢田研二（1948年）、井上陽水（1948年）、糸井重里（1948年）、Mr.マリック（1948年）、大竹しのぶ（1957年）、孫正義（1957年）、東国原英夫（1957年）、今田耕司（1966年）、広瀬香美（1966年）、東山紀之（1966年）、小泉今日子（1966年）、つるの剛士（1975年）、さかなクン（1975年）、バカリズム（1975年）、タイガー・ウッズ（1975年）、ベッキー（1984年）、田中圭（1984年）、生田斗真（1984年）、木村カエラ（1984年）、菅田将暉（1993年）、竹内涼真（1993年）、神木隆之介（1993年）、福士蒼汰（1993年）、はじめしゃちょー（1993年）

★七赤金星の人の特徴

とてもチャーミングな愛されキャラです。にぎやかな雰囲気が好きで、飲み会、パーティー、食事会など人と関わることが大好き。七赤金星の周りは、他愛もない会話や笑い声が飛び交っています。みんなで飲み食いしながらパフォーマンスを上げていきます。ぜひ、周囲の人に「食のおもてなし」をしてあげましょう。周囲を喜ばせることが一番の徳積みになるかもしれません。

七赤金星の方が一番意識したいのは「目標設定」です。悦楽に流されてしまいがちですが、たばこ、ギャンブルをほどほどにすることで新しい未来を手に入れられます。趣味を増やすことで運勢が上がり、趣味を楽しんでいる中で仕事のお客様も増えます。趣味によって客層も変化するため、重要です。ゴルフなどがおすすめです。

温厚に見えますが、頑固者で人に指示されることを嫌います。

短所は、弁舌で人を論破、威圧しがちなこと。笑顔の中に「針」を持つ方もいます。気が変わりやすく、話しているうちにコロコロ意見が変わるため、周囲がついていけないこともあります。

もし、人生が思い通りでない場合は、自分を大きく見せていたり、人を批判しがちな傾向があるかもしれません。他人の批判や噂話はしない。みんなにおいしいものを振る舞う。これが人生をよくする近道です。

七赤金星の熱弁は周囲の皆様を喜びに導く言葉に使ってください。周りを「愛の言葉」とおいしいもので満たしていきましょう。

★こんな見た目・ふるまいをする七赤金星は最強運気の持ち主！

□明るく、愛嬌があり、親しみやすい
□いつも楽しそう
□返事は「ハイっ！」といつ誰にでもはっきり答える
□他愛もないおしゃべりが好き
□人の前でプレゼンをするのが得意
□頭の回転が速く、話題が豊富
□享楽に流されやすい
□大勢の飲み会やパーティーが好き
□友だちが多い
□人に食事をごちそうすることが好き
□お金の計算は速い
□異性から好かれる
□人を笑わせることに喜びを感じる

★適職

飲食関係、食品取扱業者、水商売（ホステス）、歯科医、バンカー、弁護士、司会者

★さらに人生をよくするには

趣味を仕事としていける幸運の持ち主。もし、仕事が楽しくないのなら、興味が持てる仕事に変えましょう。

話すことが得意ですが、つい調子にのってしゃべりすぎてしまう傾向があります。相手の話に共感して、おもしろおかしく聞ける能力を伸ばしましょう。七赤金星の方の話術は、人を楽しませるためにあります。他人の批判・愚痴はＮＧです。

お金が大好きですが、欲に走らないことが大切です。ギャンブルにはまりやすいので注意しましょう。また投資の配当だけで生きるような選択をしがちですが事業でおおいに儲けてください。周囲を潤わすことに徹することで自分も潤っていきます。

一緒にいると楽しく、コミュニケーション能力が高いため異性にモテます。

★七赤金星の取扱説明書　七赤金星を愛するには？

話すことが得意で、語り合いの中で中心にいたい人物。楽しそうに話を聞き、思う存分しゃべらせてあげましょう。

飲食によってパフォーマンスを発揮するので、飲み会に誘うのも◎。また、会議ではおやつを用意しておきましょう。七赤金星さんがリラックスできていいアイデアが生まれます。七赤金星さんは人を喜ばせたりごちそうをするのが好きで、見返りを求めていません。七赤金星の人にごちそうしてもらったら、「すごく楽しかった、美味しかった」と感謝の心と態度を示しましょう。

ゆるい雰囲気でも、経済観念ははっきりしていて、お金に関しては白黒つけたがるタイプです。七赤金星の方に何か追加で依頼をする際には、はじめに金額をきちんと伝えましょう。「これくらい大目に見てよ」は通じません。

お金のことさえきちんと伝えれば、七赤金星はお値段以上の成果を出してくれます。経済観念がしっかりしているからといってケチというわけではなく、七赤金星さんは先の未来を見据え、「どうすればみんなが幸せになれるか？」を考えられる人です。

このため、七赤金星の人に何かを主張したいときは、「みんなの幸せのために必要」「世の中をよくしたい」「利益を福利厚生に回したい」などと訴えると響きます。

家庭で甘えることで明日への充電ができるタイプ。スキンシップが大好きです。パートナーが七星金星の場合は、よくスキンシップをとり、甘えさせてあげましょう。

ポイント

●人を楽しませるのが好きなので、一緒に楽しめばＯＫ
●お金の話をいい加減にしない
●七赤金星がパートナーの場合は、スキンシップを大切に

★七赤金星のあなた×相手との相性

●相手が一白水星……会話上手なあなたといると、一白水星はとても楽しくいられます。困難があっても協力して乗り越えていくことができます。感謝は言葉よりも行動で示しましょう。

●相手が二黒土星……無口なのであなたから話しかけましょう。地味な二黒土星と、華やかでいつも話の中心にいるあなたは正反対のようですが、相性は良好です。二黒土星の誠実さや、献身的な態度に癒されます。

●相手が三碧木星……お互いに社交的なので、楽しい会話が続きます。ただ、三碧木星の気まぐれに傷つくことも。相手のわがままな態度をどこまで許容できるかが関係継続のポイントになってきます。

●相手が四緑木星……のんびりしているように見える四緑木星。何を考えているかわからず、つい責めてしまいがちです。四緑木星のよさ、能力を認め、思いやりのある行動を。四緑木星は人の心に敏感なので、あなたの態度に傷つくと気を落としてしまいます。

●相手が五黄土星……趣味に遊びに忙しいあなたのことをあたたかく見守ってくれる包容力があります。ほかの人にはつい強情な態度になりがちな五黄土星も、あなたには柔和な笑顔を向けるでしょう。

●相手が六白金星……プライドの高い六白金星も、あなたのウィットに富んだ会話には笑顔で応じるでしょう。お互いを傷つけることなく、良好な関係性で同じ目標に向かっていくことができます。

●相手が七赤金星……陽気で話好きな同じ星同士、話が尽きることがなく、延々と楽しい時間が続くでしょう。変にライバル心を起こさなければ、良好な関係です。親しくなると甘えがちになるので、気を抜きすぎないように。

●相手が八白土星……自由奔放に飛び回るあなたを、大きな愛で包み込んでくれる八白土星。繊細なあなたですが、八白土星の前では自然体でいられます。夫婦関係の場合は経済的なゆとりも生まれる組み合わせです。

●相手が九紫火星……柔軟な価値観で相手を知ろうとするあなたですが、九紫火星はなかなか本心を明かしません。しかし、それでＯＫ。全てを知る必要はないのです。

八白土星

（1938年／1947年／1956年／1965年／1974年／1983年／1992年／2001年／2010年生まれ）

変化を生む山の星

山の星です。岩石や粘土、腐葉土、灰、草木が堆積して、年月をかけて風雪を耐え忍びながら変化し続けています。いろいろなものを積み上げることから、貯蓄という意味もあります。

山は、ときに噴火したり土砂崩れを起こすこともありますが、桜の花を咲かせて民の心を癒したり、泥水を清水に浄化したりする役割があります。とても神秘的な存在です。

季節は晩冬から初春を表しています。この時期は東洋の暦で新しい年に変化する節目であることから、「終わりと始まり」という意味があります。

★八白土星の象徴

●方位……………北東
●時刻……………1時～5時
●季節……………晩冬～初春
●場所……………山、高台、門、家、石段、神社仏閣、交差点、ターミナル、ホテル、家
●色………………黄色、茶色、ベージュ
●キーワード……中止、停止、変化、停滞、丁寧、相続、貯蓄、再出発、引継ぎ
●アイテム………積み木、ブロック、重箱、机やイスなどつなぎあわせた物、貯金箱、岩石
●命を強くする食べ物………じゃがいも、牛肉料理、魚卵(イクラ・タラコなど)

★この星の有名人

島倉千代子（1938年）、鈴木史郎（1938年）、栗原はるみ（1947年）、浅田美代子（1956年）、桑田佳祐（1956年）、竹中直人（1956年）、余貴美子（1956年）、ヒロミ（1965年）、太田光（1965年）、小林聡美（1965年）、別所哲也（1965年）、林修（1965年）、香川照之（1965年）、後藤久美子（1974年）、千原ジュニア（1974年）、有吉弘行（1974年）、水野美紀（1974年）、辛酸なめ子（1974年）、藤森慎吾（1983年）、山田孝之（1983年）、指原莉乃（1992年）、白石麻衣（1992年）、吉岡里帆（1993年1月）

★八白土星の人の特徴

3つの土星の中で唯一「陽気」です。女性は明るい着物美人が多いです。

家事が好きなため、家事の延長線の仕事に就くと力を発揮していきます。インテリアデザイナー、雑貨屋、料理家など向いています。

山のように多少のことでは動じない、安定した性格。どんなときでも慌てず騒がず悠然としており、頼りがいのある人です。自分の考えをしっかりと持っており、自分のルールがはっきりしています。

一方、自分の信念を押し通そうとする傾向もあるため、平常心を心がけましょう。

山からの高見の見物といったように、高いところから皆を見下ろす傾向があります。男性は「お山の大将」のように大きなことを言うことがあります。女性は毒を吐きます。八白土星さんが吐く毒は的を得ていて、相手はぐうの音も出ません。本質を言い得たその一言に周囲はうろたえますが、本人は平然としています。

温厚に見えて、融通が利かず、頑固でマイペース。コミュニケーション能力が一見高そうに見えますが、八白土星は自分から相手に合わせるという発想がないため、好き嫌いが激しいのも特徴です。多くの人と付き合うというよりは、少数の「仲よしグループ」と付き合っていきたいと考えるタイプです。

山の天気は変わりやすいため、飽きっぽいところがあります。一方、「これだ」と腹に決めたことは生涯を通してやり遂げる純粋さを持っています。

周囲からの信頼も厚く、実務能力の高い方です。経理の才能もあり「損得」の判断力にたけています。

★こんな見た目・ふるまいをする八白土星は最強運気の持ち主！

□落ち着きや安定感がある
□男性は理屈を語りがち
□女性は毒を吐きがち
□的を得たことを言い放つ
□心を許した相手の面倒をよく見る
□女性は和風美人
□家族や少数の友人を大切にする
□実務能力が高い。損得の判断がすぐにできる
□倹約家。貯金が好き
□老後設計を考えるのが大好き
□掃除や料理など家事が得意
□自分の信念は曲げない
□人にものを教えるのが得意

★適職

建設業、ガラス屋、物流倉庫、ホテルマン、ビルオーナー、不動産仲買、パティスリー、生肉店

★さらに人生をよくするには

竹には、高く伸びるために節目があります。節目に到達したとき、過去を振り返りながらも、そこで歩みを止めずに次の成長に向かって継続していくことで人生が豊かになります。本来は飽き性ですが、経験の積み重ねによって成長することを覚えておきましょう。「一発逆転」を狙うのではなく、時間をかけて試行錯誤を繰り返し、確実な方法を見つけていくほうがいい変化を生みます。

積み立てが得意で、老後の備えをつくっておくことで心が落ち着きます。

金運アップの近道は、親族や親を大切にすることです。もともと家族や身内思いの優しい人なので、引き続き親孝行に努めましょう。いまの友人関係も長続きするように、マメに連絡を取りましょう。

★八白土星の取扱説明書　八白土星を愛するには？

自分の知識を披露したがるところがあり、うんちくや理屈を語るクセがあるため偏屈に思われることがありますが、根は情が深く、家族思いの優しい人です。

身内びいきが強く、自分が認めた人でないと自分のコミュニティーに入れようとしません。家族や身内を非難されることを最も嫌います。

八白土星さんに認められるには、慎重に、確実に物事を進める態度が必要です。八白土星に「とりあえずやってみよう！」はNG。現実的にものごとを考えたい人なので、八白土星にフワフワと夢のような話をしても「で、具体的にどうするの？　プランは？」と言われるだけです。八白土星さんがプロセスを確実に踏めるように、計画を提示しましょう。

上司が八白土星の場合は「報告・連絡・相談」が何よりも重要。そこさえ欠かさずに行っていればスピードは重視されません。

計画を立てたり、段取りを整えるのが得意なので、準備や手配を任せると確実にこなしてくれます。飲食店や旅行の予約なども、面倒がらず難なくこなしてくれます。

３つの土星の中で唯一着飾ることが好きで、品のあるオシャレを好みます。八白土星の人と会うときは小綺麗にしていきましょう。ただし、露出が激しい服や派手な服装は「品がない」と思われ、八白土星さんのコミュニティーに入れてもらえませんので、上品さを意識しましょう。

原料にこだわった、装飾が華美なお菓子が好きなので、持っていくと喜ばれるでしょう。

ポイント

●現実的なプランを話す
●「ホウ・レン・ソウ」を欠かさず行う
●品のある服装を心がける

★八白土星のあなた×相手との相性

●相手が一白水星……人当たりがよく聞き上手な一白水星に魅力を感じますが、一白水星はなかなか本心を明かしてくれないため、不信感を覚えるかもしれません。時間をかけて信頼関係を築いていきましょう。

●相手が二黒土星……あなたに悪気はなくても、二黒土星から「上から目線」だと思われがち。特に女性は言い方に気をつけてください。八白土星は「山」の星である一方、二黒土星は「大地」を表しているので、相手から「見下されている」と思われがちです。

●相手が三碧木星……自己中心的で何でも即決する三碧木星は、扱いにくい相手です。器が広いのはあなたのほうなので、多少のことには目をつぶってあげましょう。

●相手が四緑木星……あなたは現実主義なので、ロマンチストな四緑木星のことを理解できないかもしれません。あなたが大人になり、うまく相手の長所を伸ばせるようにできるといいでしょう。

●相手が五黄土星……土星同士、価値観が似ていますが、五黄土星のほうがワンマンです。相手のわがままに目をつぶり、主導権を渡すことができれば良好な関係をキープできます。

●相手が六白金星……チャレンジ精神旺盛なあなたとバイタリティあふれる六白金星は、確実に高い成果を発揮できる組み合わせ。あなたなら、プライドの高い相手ともうまく付き合っていけるでしょう。

●相手が七赤金星……ウィットに富んだ会話で楽しませてくれるので魅力的に感じるでしょう。あなたのほうが現実的にものを考えられるので、できれば主導権はにぎっておきましょう。

●相手が八白土星……同じ星同士、穏やかに信頼関係を築いていくことができます。どちらも我が強いので、相手を思いやる気持ちを忘れないようにしましょう。

●相手が九紫火星……ほかの人の前では気が強いあなたも、なぜか九紫火星の前では素直になれるでしょう。アイデア豊富で美的センスのある九紫火星からは多くの恩恵をもらえます。

九紫火星

（1937年／1946年／1955年／1964年／1973年／1982年／1991年／2000年／2009年生まれ）

明るく光り輝く火の星

火の星です。輝く太陽や燃え盛る炎を象徴しています。あらゆるものを照らし、輝きを与える役目です。火は文明の象徴でもあります。頭脳明晰で先見の明があり、発明が得意です。情熱と智恵で、皆を導いていく力の持ち主です。

一方、火はついたり消えたりするので、気分にムラがあります。燃える炎のような激しさがあるかと思えば、火が消えたように静かになるときもあります。

万物にエネルギーを降り注ぐ九紫火星。善悪をはっきりさせたいという思考があります。

また、美しいもの、アートやデザイン性への欲求、名誉、名声にあこがれる気持ちが人一倍強く、着るものやアクセサリーにもこだわります。センスがよく知的なあなたをあこがれのまなざしで見ている人は多くいます。周囲のあこがれになり、高い場所で光り輝いていきましょう。

★九紫火星の象徴

●方位……………南
●時刻……………11時～13時
●季節……………夏
●場所……………美術館、図書館、学校、映画館、美容院、デパート、灯台
●色………………赤、紫
●キーワード……火、光、太陽、輝く、華美、頭脳明晰、芸術、学問、教育
●アイテム………書籍、書画、文具、眼鏡、化粧品、カメラ、照明器具、証券、設計図、名刺
●命を強くする食べ物……苦味（ブラックコーヒー、ゴーヤ、漢方薬）、二枚貝（赤貝、あさり、しじみ、はまぐり、ホタテ）、海藻類、甲殻類（カニ、エビ）、洋酒、赤飯

★この星の有名人

加山雄三（１９３７年）、塩野七生（１９３７年）、吉田拓郎（１９４６年）、ポール・スミス（１９４６年）、スティーブン・スピルバーグ（１９４６年）、スティーブ・ジョブズ（１９５５年）、明石家さんま（１９５５年）、ビル・ゲイツ（１９５５年）、堤真一（１９６４年）、椎名桔平（１９６４年）、内村光良（１９６４年）、高島礼子（１９６４年）、恵俊彰（１９６４年）、宮沢りえ（１９７３年）、Ｇａｃｋｔ（１９７３年）、松嶋菜々子（１９７３年）、イチロー（１９７３年）、稲垣吾郎（１９７３年）、向井理（１９８２年）、真木よう子（１９８２年）、小栗旬（１９８２年）、波瑠（１９９１年）、坂口健太郎（１９９１年）、浜辺美波（２０００年）

★九紫火星の人の特徴

高貴な智恵の星なので、知性的でエレガント。美男美女の多い星です。オシャレなほうが運勢がいいので、質のいい身支度をしてください。どこにいてもまばゆく輝いているので、目立ちます。

ぱっと頭の上で豆電球が光るように、勘がよく、直感力の高い方です。その知恵に人が集まってきます。頭の回転も速く、弁才があり、交際上手です。

多くの情報を持ち、みんなにシェアをしていくので、人からも「とっておき」の情報が入り、より洗練された情報が循環して生活が豊かになっていきます。

「あの人に聞けば！」のイメージを持たせる天才です。

太陽のように輝く九紫火星には、ほかの人には見えていない世界が広がっています。

皆が思いつかないような発想の持ち主で、「そうきたか！」という奇想天外なアイデアで問題を解決する力があります。

「みんなと同じ」より、少々マニアックなビジネスをしたほうが成功します。「こだわり派」であるほうが幸運に恵まれます。

★こんな見た目・ふるまいをする九紫火星は最強運気の持ち主！

□自身がイケメン、あるいは美女
□体型がスマート
□ファッションセンスがある。オシャレ
□美意識が高い
□イケメンや美女が好き
□頭の回転が速い
□熱しやすく冷めやすい。あきらめも早い
□喜怒哀楽がはっきりしていてわかりやすい
□人が思いつかないアイデアを発想できる
□本を読んだり、絵画を見たりすることが好き
□思考や話し方が理論的
□直感が冴えている
□辛くても泣き言は言わない

★適職

ファンドマネージャ、保険業、薬剤師、カメラマン、エネルギービジネス、裁判官、警察官、学者、医者、会計士、俳優、画家、作家

★さらに人生をよくするには

美しくいることは九紫火星の使命です。オシャレをして目立っていきましょう。女性はアクセサリーを身につけ、派手なアイメイクをしましょう。幸運を呼びます。特に、耳から下がるピアスや、個性的なメガネはラッキーアイテムです。

負けず嫌いですが、わがままになると人が寄りつかなくなります。怒ると、お金も燃えてなくなってしまいます。「ごめんなさい」と言える九紫火星、優しい九紫火星ほど最強な人はいません。意識して朗らかに、笑顔で過ごしましょう。

また、デザイン性へのこだわりがあなたの魅力を倍増させます。マニアックな趣味があったり、少々オタクっぽい人のほうが運気が強い傾向があります。ビジネスも、一般的にウケるものよりもマニアックに偏ったもののほうが向いています。

思考も人と同じではなく、とがっていてください。

目の前のことに熱中しがちで過去のことを忘れがちですが、これまで多くの方のお世話になってきたはずです。その方々へのご恩を忘れないようにしましょう。

★九紫火星の取扱説明書　九紫火星を愛するには？

人を見た目で判断するため、イケメン好き、美女好きな傾向があります。ミーハーなところがあるため、オシャレな家に住み、一流のものを持ち、オシャレな暮らしをすることにあこがれがあります。

九紫火星の人に好かれようと思ったら、見た目にこだわりましょう。貧乏くさい人は嫌いですし、人の苦労話にも興味がありません。

九紫火星さんにプレゼンをするときは、デザイン性にこだわることで興味を示してもらえる可能性があります。あるいは、「あなたのこだわりやセンスが必要だ」という言葉も刺さるでしょう。

また特別扱いされるのが好きなので、「あなただけには特別ですよ」と言ってサービスするのもいいでしょう。

仕事は、「結果よければすべてよし」というところがあります。プロセスはまったく重視しないので、九紫火星さんに仕事を頼まれたら決められた期限までに結果を出すことにこだわりましょう。締め切りを守らないと、即「だらしない人」と判断されるので期限は死守しましょう。五行において、九紫火星は「確実性」の意味を持つ「土星」を求めているので、「アイデアがカタチ（確実）になっている」という感覚を示してあげると安心します。

九紫火星の男性と接する際は、「かっこいい姿でいさせてあげること」が何よりも重要です。「かっこいい」「素敵！」「センスがある」「知識の宝庫」と九紫火星のよさをほめれば、想定以上の働きをしてくれます。プライドを傷つけるようなことは言ってはいけません。

非の打ち所のなさそうな九紫火星ですが、実は心は孤独で、甘え下手。しかし、その孤独に耐えることで深く思考し、孤独が創造的な仕事への活力を与えてくれます。周囲の人は、寂しさの蓋を開けないように、そっとしておきましょう。「かわいそう」

と手を差し伸べる必要はありませんし、心の闇に触れる必要はありません。九紫火星は不屈の精神で向上していくことができます。ひとりの時間が何よりも大切なので、決して干渉や束縛はしないようにしましょう。

ポイント

●九紫火星がかっこいい姿でいられるよう協力する
●期限までに結果を出す
●決して干渉や束縛をしない

★九紫火星のあなた×相手との相性

●相手が一白水星……情熱的なあなたにとって、クールな一白水星のことをはじめは魅力的に感じるかもしれませんが、「冷淡な人」に見えることも。相手との違いを受け入れ、認めていきましょう。

●相手が二黒土星……お互いの長所を認め合い、欠点を補い合えるでしょう。二黒土星のほうが受け身なので、あなたのパッションで二黒土星を引っ張っていきましょう。

●相手が三碧木星……三碧木星の奔放な面や行動力に魅力を感じるでしょう。ふたりとも短気なので物事がとんとん拍子に進みます。進行していることにミスがないか、あなたが冷静に判断を。

●相手が四緑木星……あなたの情熱を大きな包容力で受け止めてくれる四緑木星。四緑木星の優柔不断さは、あなたの決断力でカバーしましょう。若干ふたりとも浪費グセがあるので、その点に注意しましょう。

●相手が五黄土星……五黄土星は、華やかで洗練された雰囲気のあなたに惹かれ、あなたは五黄土星のどっしりとした包容力や責任感の強さに魅力を感じます。一緒にいると安心できるため、関係は長く続くでしょう。

●相手が六白金星……正しい行動を冷静に行う六白金星ですが、あなたも野心家でプライドが高いので、ライバル視しがち。お互いに能力が高いので、相手を尊重する気持ちを持てれば高いパフォーマンスを発揮します。

●相手が七赤金星……七赤金星もオシャレなので、このふたりが一緒にいると周りからはとても華やかに見えます。どちらもナイーブで傷つきやすい部分があるので、言葉は慎重に選びましょう。

●相手が八白土星……心はデリケートなあなた。堅実で真面目な八白土星といると、安心することができます。八白土星もあなたの能力を評価していて、お互いがプラスになる関係です。

●相手が九紫火星……考え方が似ているので、お互いのことをすぐに理解できます。ただ、ふたりとも感情の起伏が激しく、相手の欠点がよく目につきます。プライドを傷つけないように、寛容な心を持ちましょう。

【ナインズ・エアーの実践　CASE3】

エネルギー関連事業　経営者

「先月の流れ」が毎回当たっているので、鳥肌が立ちます

季世さんに会ったのは、２年前。お世話になっている取引先の社長から紹介していただいたことがきっかけです。当時はまだ先代が代表取締役を務めており、先代は季世さんに言われて、吉方へ75日間の「方位取り」に行っていましたね。

ちなみに私は5年間も「方位取り」に行くことが必要らしく、現在も家族と離れてひとりでアパート暮らしです。新築の家を建てた直後だったため、そこで家族と過ごす日々を心待ちにしながら、方位取りを行っています。

姓名判断もしていただいたところ、下の名前を変えたほうがいいということだったので、本名とは別に仕事上の名前をつけてもらい、名刺などにはその名前を記載しています。

ただ、これらの行動によって何か変化があったかというと、「わからない」というのが正直なところです。会社の業績でいうと、それまでは売上の平均が約60億円でしたが、昨年は過去最高の92億円という数字になりました。大きく成長していますが、これにはさまざまな要因があり、一概に季世さんとの関連を説明することはできません。

季世さんとは月に1度お会いして、お話をしています。私の場合、はじめに季世さんに、どのような1か月の流れであるべきだったのかを聞きます。すると、「こういう1か月だったから、きっとこんなことがあったんじゃない？　その結果、いまはこうなっているはず」などの話をしてくれるのですが、それが**まるで経営を見ているのではないかと思うほど、いつもドンピシャで当たってるんです。**

例えばある月は、「先月1か月はとても辛い月だったはず」と言われました。「経営的な判断を下さなければならないことがあったはず。それは辛いことだったかもしれない。しかし、あなたが考えている今後の目標や夢を明確に伝えたほうがいいから、もしジャッジをしたのだとしたら正しい行動だった」というようなことを言われたのですが、毎度ながら鳥肌が立ちましたね。まさに、先のことを考えて辛い判断をした直後だったからです。

季世さんによると、私のようにいつも流れに乗った行動を取れる人ばかりではないようなので、おそらく自然に、運の流れに乗れているのだと思います。

また、2020年3月に先代から私に引き継ぐ際、季世さんから「これから会社に必要のない人がいなくなると思う」と言われていたのですが、実際に社員が少なくなったこともありました。こちらが社員に対して何か言ったわけではないのにバタバタと退職していくので不思議に思っていたら、退職したあとに、その社員がいろいろと問題を起こしていたことが発覚したのです。おそらく、会社に居づらくなったのでしょう。**季世さんが言うことは、おもしろいようによく当たるので不思議に思っています。**

季世さんに対しては、何か過度に期待しているわけではなく、「仲のいいお姉さん」といった感じで毎回楽しくお話をしています。これからも、フラットなお付き合いをしていきたいと思っています。

【ナインズ・エアーの実践　CASE4】

建設関連事業　経営者

別人になる覚悟で行動した結果、人生が好転
多くの経営者仲間に紹介しています

季世さんとは地元が同じであり、もともと私の妻が知り合いだったんです。季世さんはいつもにこにこしていてご機嫌で、何だか人生楽しそうだなぁという印象でした。

その頃私は、父の建設関連事業の会社を継ぐために東京から地元に戻ってきたものの、それまでとはまったく畑の異なる業種の仕事に慣れず、経営に苦戦していました。たまたま、街中で季世さんに出会う機会が多かったこともあり、「何でそんなにいつも幸せそうなの？」と聞いたところ九星気学のことを教えてもらったので、試しに名前と生年月日で鑑定してもらったのです。

結果は決してよくはなく、「このままでは会社は決して大きくならない」とまで言われる始末。「気を悪くしないでね」と前置きはあったものの、正直落ち込みましたね。ただ、思い当たる部分があったのでどうすればいいのか聞いたところ、まずは名前を変えたほうがいいとアドバイスをいただき、ビジネスネームを変更。その1年後には季世さんに教えてもらった吉方位に引っ越しをしました。

根拠のよくわからない「気学」というものに従って、名前を変えたり引っ越しをしたりするのは、知らない方からは信じられない行動を取っているように見えるかもしれません。

なぜ、名前を変えたり引っ越しをしたりすることができたのか？　それは、**名前を変えて別人になって人生をやり直したい、まったく違う人生を送りたい、と強く思っていたからだと思います**。自分ではそのように解釈していますし、実際に行動に移すことで自分の脳に「変わるんだ」と言い聞かせていたような部分もあったと思います。

季世さんから、「吉方位への方位取りを行うと、辛いことがあるかもしれない。でもそれを乗り越えればどんどんよくなる」と言われてはいましたが、引っ越してからは想像もできないほどの地獄が待っていました。これまでに経験したことがないほど、仕事でもプライベートでも悲しいことが続き、毎日辛くて仕方がありませんでした。おそらく、「方位取りの最中だから悪いことが起こるかも」と言われていなかったらとても耐えられなかったと思います。

ただこの経験で、**「なぜ辛いと感じるのか？」「どうすればこの辛い出来事を乗り越えられるのか？」と突き詰めて考えたことで、自分の「我」を抑え、利他の精神で行動することの大切さに気づくことができたのだと思います。**

その後、久々に会った友人などからは「誰ですか⁉」と驚かれるほど、私の雰囲気は変わったようです。それまでは、「自分は自分、他人は他人」といった考えで、人と群れるようなこともなく比較的クールに見えたようですが、地獄の経験と気づきによって波動が変わったのか、人間が丸くなったようです。波動が変わると、「楽して儲けよう」と考えているような悪い人間が自然に寄ってこなくなるようで、いい出会いに恵まれるようになりましたね。

初めて季世さんに見ていただいたときは「こんなんじゃ、社員は誰もついてこない」と厳しい評価を下されましたが、方位取りをしたあとは社内でもいい人間関係を築けるようになり、経営も安定するようになりました。**季世さんと出会った10年ほど前に比べると、売上高としては10倍以上に。**規模の異なる会社に成長しました。

いまでは、当社の幹部も全員季世さんにお世話になっていますし、彼らも季世さんの助言に従って家の改築をしたり引っ越しをしたりしています。社長である私も幹部も運の流れに乗っている会社なので、経営も順調にいっています。

さらに、私が支援している企業の経営者で、もっと運がよくなるといいなと思う人には季世さんを紹介しています。紹介した人全員が素直に季世さんのアドバイスに従うかというとそうではありませんが、謙虚に助言を聞き入れ、行動を起こした一部の人間は確実によくなっていますし、「本気で変わろう」という決意がこちらにも伝わってくるので、応援したくなります。

季世さんとの出会いで大きく変わることができたので、これからは若い人間にも九星気学の素晴らしさを知ってほしいですね。

4

九星の運行ルールと、時の流れを知る方法

3章では各星の特徴と人間関係の活かし方について
ご紹介しました。
本章では、九星の運行と、毎年の流れについて説明します。

運の波を知れば、相手への声のかけ方も変わる

前提として、どんなに運に恵まれている方でもいつも絶好調ということはなく、なかなか物事が前に進まず停滞しているように感じられる時期もあります。また、ピンチを打開しようと行動してもなかなか思い通りにならず焦ってしまう時期があるなど、運勢には波があります。

どんな植物も突然実るわけではなく、種をまき、丁寧に育て、花を咲かせることで初めて実りがあります。

種をまく時期なのに、何もせずにぼーっと過ごしているとそこから数年後の実りは得られません。実を収穫しなければならない時期なのに、収穫せずに次々と新しい種をまくことばかりしていれば、その年の恩恵を得ることはできません。

例えば、五黄土星の方は２０２１年、４年間の成長期の真っただ中。全身にやる気がみなぎっていて、やりたいことに全力投球していける年で、立ち止まっている暇などありません。それにもかかわらず「家庭の事情があって……」「我が家の猫が病弱気

味で……」など言い訳をして積極的に動かないと、翌年以降の収穫は得られません。「今年は難しいけど、来年から頑張る！」と思っているかもしれませんが、残念ながら次の成長の年は9年後。いま成長しないと、これからの9年の波にうまく乗ることができないのです。

いまはどのような時期なのか、運気の波を把握すれば、何をすべきなのか明確になります。そして、自信を持って、納得のいく人生を歩んでいくことができるのです。

パートナーの波を知ることも重要です。「土づくり」として足場を固めなければならない年なのに、「いま成長のときなんだから新しいことに挑戦しないと！」など発破をかけるのは、誤った応援の仕方といえます。パートナーが成長発展期で、全力で物事に取り組み積極的に行動していかなければならない時期なのに、「これまで十分頑張ってきたんだから、しばらく休んでもいいんじゃない？」など声をかけるのもまた、的外れなサポートの仕方となっています。

パートナーがうまく運の波に乗れるように、相手の運の流れを把握しましょう。

運の波は9年周期で動く

九星は毎年動きます。九星は、9年かけて運行し、再び同じルートでめぐっていきます。このため、運勢の波は9年サイクルということになります。

一白水星から九紫火星まで、すべての星が同じルートをたどります。「発芽」のあとは「成長」、そのあとは「剪定」といった具合です。その年の運勢は九星によってバラバラで、9つの星が異なる使命を背負っているのです。

9つの運の流れは、下記のようになります。

土づくり→種まき→発芽→成長→剪定→完成→実り→改革→離脱

まずは2章で確認した自分の本命星が、いまどのような時期にあるのかバイオリズムを把握しましょう。2020年から10年間の流れを紹介していますので、昨年の振り返りを行ったうえで長期計画を立て、チャンスの年に幸運をつかみましょう。

ここからは、それぞれの時期の意味について詳しくご紹介します。

■各星のバイオリズム

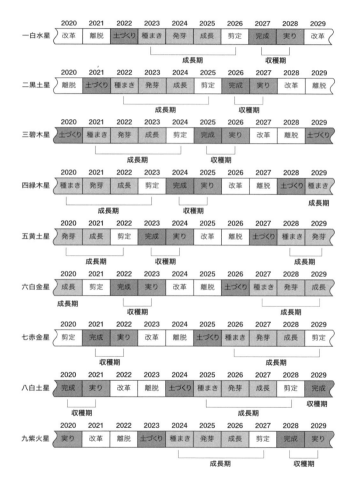

	2020	2021	2022	2023	2024	2025	2026	2027	2028	2029
一白水星	改革	離脱	土づくり	種まき	発芽	成長	剪定	完成	実り	改革
二黒土星	離脱	土づくり	種まき	発芽	成長	剪定	完成	実り	改革	離脱
三碧木星	土づくり	種まき	発芽	成長	剪定	完成	実り	改革	離脱	土づくり
四緑木星	種まき	発芽	成長	剪定	完成	実り	改革	離脱	土づくり	種まき
五黄土星	発芽	成長	剪定	完成	実り	改革	離脱	土づくり	種まき	発芽
六白金星	成長	剪定	完成	実り	改革	離脱	土づくり	種まき	発芽	成長
七赤金星	剪定	完成	実り	改革	離脱	土づくり	種まき	発芽	成長	剪定
八白土星	完成	実り	改革	離脱	土づくり	種まき	発芽	成長	剪定	完成
九紫火星	実り	改革	離脱	土づくり	種まき	発芽	成長	剪定	完成	実り

（種まき〜剪定：成長期　完成・実り：収穫期）

【土づくりの年】
ジタバタ騒がず、すべてを受け止める！

これからの9年間を左右する、最も大切な時期です。**この年にどれだけ肥料をあたため、発酵したかで、数年先の花の咲き具合や実りの大きさが変わります。**未来を見据え、辛苦を「次世代の肥やし」ととらえ、大切に過ごしましょう。この1年は「発酵中」ですので、動き出すのを控えましょう。何か問題が起こっても、解決に向けてジタバタと動くのではなく受け止める姿勢が大切。時間による解決をじっと待ちましょう。**未来を夢見て、いまの辛苦を次世代の肥やしとして楽しむ心を持つとよいでしょう。**

仕事においては、華々しい活躍を望まず、縁の下の力持ち的な役割に徹しましょう。後輩の面倒を見たり、尻ぬぐいをする場面があるかもしれません。人から相談されたり頼りにされたら、すべて引き受けましょう。「はい、喜んで」と愚痴を言わずに取り組むことで協力者が増えます。辛苦を熟成させて腐葉土にする期間なので、これまでの経験をもとに自分の書籍を書くのにも適したタイミングです。「辛い」と思っても冷静に書きとめ、発酵させましょう。

愛情面はよく、パートナーとの絆が強まります。恋を求めている人は、職場など身近な場所からチャンスが生まれそうです。恋愛に限らずですが、お酒の席での集まりにも良縁があります。一方、不倫など秘密の恋愛に陥りがちなので、誘惑には注意しましょう。

金銭面では、生活を見直して無駄な出費をおさえることが大切です。

また体調不良があれば「ペース配分を考えましょう」というサインです。身体の訴えに素直に従いましょう。

土づくりの年のポイント

- **今後の９年間を決める大切な時期。辛苦を次世代への肥やしとして楽しむ**
- **「現在、発酵中」と常に意識しよう。焦らず、騒がず、受け止める！**
- **仕事も愛情面でも、夜のお酒の席で良縁がある**

【種まきの年】
後先考えず、種をまいてまいてまきまくれ！

これからに向け、さまざまな種をまいていきたい1年。**ここで種をまかなければ、その翌年に芽が出ることはありません。**しっかり種をまき、数年後に大きな花を咲かせ、実りを得ましょう。昨年しっかりと土壌を肥やすことができていれば、この年に種をまくとすぐに発芽の予感を感じられるでしょう。

仕事でもプライベートでも裏方役を任されることが多くなり、それに伴ってストレスもたまりがちですが、ここで**面倒な仕事や人が嫌がるような仕事を引き受けることこそ、種まきのチャンス**。のちに、評価や信頼につながっていきますので、ミスのないように確実にこなしましょう。勤勉に働けば、翌年から運勢が一気によくなります。

愛情面でのパートナーとの仲は良好です。恋を求めている人は、華やかな雰囲気を見せるより、真面目で家庭的な一面を見せると相手の心に届きます。

貯金の目標を立て、貯蓄に励むといい年です。無駄な出費をおさえ、こまめに貯金しましょう。

話したいことを我慢しがちな1年なので、ストレスからくる胃腸のトラブルに注意しましょう。

種まきの年のポイント

- **とにかく種をまく！　今後に向け、面倒な仕事も率先してこなす**
- **派手さをおさえ、堅実に過ごす**
- **貯金を始めるのにぴったり。目標を決め取り組む**

【発芽の年】思い立ったら即行動！　やりたいことを全部やる！

成長期の2年目。前年にまいた種が一気に芽吹く年で、身体中にパワーがみなぎります。この年は、いままでやりたかったことや計画していたこと、新しいことに積極的に挑戦していきましょう。これまでおとなしくしていた人は、いよいよ外に飛び出すときです。**「これをやってみたい」という直感は、天から「やれ」と言われているということです。**それなのに、「周りに迷惑がかかるかも」「いま状況がよくないから」と行動しないのは、天の声に背いているということ。**直感に従い、やりたい放題行動しましょう。**

自分をアピールする意欲もわいてくるので、転職や新規事業立ち上げなどにも適しています。新たな習い事を始めるのもいいでしょう。自己投資を惜しまず、攻めの姿勢を貫きましょう。

普段早起きが苦手な人も、この時期は早寝早起きをしてアクティブに過ごしましょう。この年は、行動することに意味があります。**「で、うまくいくの?」と、先のことは考えなくていいので、即行動しましょう。**

愛情面も好調です。夫婦はマンネリを解消する工夫をするといいでしょう。恋を求めている人は積極的に外に出ることで出会いのチャンスをつかめます。

発芽の年のポイント

- **「やってみたい」という直感に従い、やりたい放題行動する**
- **結果を考えるのはこの時期じゃない。攻めの姿勢を貫く**
- **早寝早起きを徹底する**

【成長の年】
声しかかからない。期待に全部こたえていく！

これまでの努力が実を結び、さらに成長していける年。状況が整い、社会的な信用も得られるため、いろいろなことが自然に花開くようにスムーズに運びます。人との交流やコミュニケーションが活発になり、その人たちからチャンスをもらえることもあるでしょう。多くの人と交流を持つようにしてください。**人から相談されたり頼られることも増えますが、奉仕することでチャンスが広がります。損得を考える必要はありません。どんどん期待にこたえていきましょう。**

仕事においても頼られることが増えますが、声がかかるということは、あなたに能力があると周りが認めているということ。**あなたにできることしか、頼まれません。**「無理かも」と自分で判断する必要はないので、すべて引き受けましょう。仕事ではチームワークを大切にすることで、さまざまなことが円滑になります。

人を介して幸運がつかめる年なので、自分がやりたいことや叶えたいことを周囲にアピールしておくことが大切です。仕事においても恋愛においても、人に紹介を依頼すると良縁をつかむことができそうです。恋人がいる人は、結婚に適したタイミングでもあります。

人付き合いが盛んになることから交際費や衣服代などがかさみやすいようですが、この年は仕方がありません。交際費に投資しましょう。

成長の年のポイント

- **人脈が広がる年。人とのコミュニケーションを大切に**
- **頼られたらすべて引き受け、期待にこたえる**
- **自分の願望を周囲にアピールすると良縁がつかめる**

【剪定《せんてい》の年】
俯瞰して冷静に状況を見つめ、整理しよう

翌年の「完成」に向け、いらないものを間引いて整える年。世界の中心にいる年で、状況を冷静に見ることができます。環境を整えましょう。

流れには乗っているものの、これまで好調運が続いていたため、調子に乗って失敗しやすい年でもあります。**強引な態度で人に接したり、勢いだけで大胆な行動を取ったりしないようにしましょう。**

何事においても慎重になり、現状キープを心がけましょう。新しいことや規模の大きなことには手を出さないようにしましょう。

仕事においてはこれまで絶好調で実力も自信もついているため成績が上がり、昇格や抜擢の機会に恵まれます。大幅な収入アップも期待できます。ただ、そのために周囲との摩擦が生じることも。謙虚な姿勢でいることが大切です。

愛情面では、相手に対して独占欲が出てくる可能性があるので注意しましょう。別れた相手と復活愛が叶う、運命を感じる出会いがあるなど不思議な良縁に恵まれる可能性がある年です。一方、「実は妻子持ち」などトラブルの火種を抱えた相手である可能性も。進展させる場合は、慎重に進めましょう。

剪定の年のポイント

- **育ててきた葉を「剪定」する年。環境を整える**
- **運気は強いが、調子に乗らないこと。謙虚な姿勢を心がける**
- **何事も慎重に進める。新たな賭けはしない**

【完成の年】これまでの努力の結果が表れる

この年と翌年は「収穫期」。これまでの努力が実り、ワンランク高いステージに上がって忙しく充実した毎日を送ることができます。この時期に大切なのは、**自分の恩**

恵を周りと共有すること。お金も愛情も、流動させることで長期的には自分に返ってきますので、周りに施しを与えましょう。

仕事においてもこれまでの努力が有力な人に認めてもらえるとき。責任の大きな仕事を任されるかもしれません。プレッシャーがいつも以上にのしかかりますが、向上心を持って粘り強く取り組み、期待にこたえていくことができます。**自分の考えを押しつけるのではなく相手の話に耳を傾け、思いやりの心を持って接しましょう。**目下の人に横柄な態度を取って対立しやすくなっていますので、注意しましょう。

スポーツや資格試験、コンテストなど勝負運は強く、報われる可能性があります。

愛情面においては、自分の理想を掲げ相手のプライドを傷つけないように注意しましょう。女性は、妊娠しやすい年でもあります。妊活に最適な1年です。一方、仕事が乗っているため忙しく、家庭をおろそかにしやすい年でもあります。こまめなコミュニケーションを心がけましょう。

完成の年のポイント

・これまでより高いステージで期待にこたえられる年

・人の話に耳を傾けよう。年下に親切に接することが開運のカギ

・自分の理想を掲げやすい。相手のプライドを傷つけないよう注意

【実りの年】気の流れに沿っていれば最高利益をたたき出す！

前年から引き続き「収穫期」です。これまで気の流れに沿ってきた人は、大きな実りが得られます。これまでの忙しさから解放され、リラックスしてほっと一息つける1年。遊びに趣味にとプライベートも充実するでしょう。会食やパーティーなど飲食が伴う楽しい場に縁があり、人間関係も広がりそうです。これまで頑張ってきたご褒美の年だと思って、楽しみましょう。そして、**自分が楽しむだけでなくぜひ、周りの人に「与える」ことを意識して過ごしましょう。**お金も、時間も、労力も、人のために使うことで、翌年に「大改革」が起こります。２人以上の人物を救済すると、翌年からさらに運の波に乗ることができます。

仕事においては、**これまで気の流れに沿ってきた人は最高利益をたたき出します。**気の流れに沿えておらず、実りが少ない人はすみやかに振り返って反省し、改善していきましょう。

趣味や遊びに気持ちが向いてしまうため、仕事の意欲が低下する人もいます。気持ちにゆるみが出やすいので、ケアレスミスに注意しましょう。また、口が災いのもとになりやすい時期なので、発言には十分注意を。

金運は悪くありませんが、周りの人に施したほうがいいので出ていくお金は多くなるでしょう。それでＯＫです。もしお金がない場合は、ないなりに周囲に施したり、周りの人のために時間や労力を使いましょう。

愛情面は良好で、順調に愛を育むことができます。パートナーと外食の機会を増やすと話が弾むでしょう。

実りの年のポイント

- **プライベートが充実。飲食の場を存分に楽しむ**
- **これまでの7年間を振り返り、周囲に感謝を伝えよう**
- **目標を達成し、飽きてしまうかも。やめるのはまだ早い**

【改革の年】
変化をせまられる転換期

さまざまな変化が起きる年。**土づくりから始まったこれまでの7年間の成果を振り返りつつ、大胆に変化の波に乗り、改革して成長していきましょう。**仕事でもプライベートでも、状況の変化に対応せざるを得ないことが起こりますが、それこそ成長のチャンス。視点を変えてほかの方法を試したり、試行錯誤しながら方針を変更することで、新しい自分の道が拓けてきます。

周囲の人間関係に変化が起こりやすい1年でもあります。周囲が変わっても、ゆるぎないあなたの土台をつくってくれた親や先祖、師匠や上司、親方といった人への感謝の思いを忘れずに過ごしましょう。

仕事においても、周りを巻き込んで自らアクションを起こし変わっていく姿勢が求められます。行き詰まりを感じても決して投げ出すのではなく、柔軟に対応していきましょう。仕事の人間関係においても、意地を張るのではなく、素直な気持ちで対応しましょう。

愛情面では、これまでの状況から大きく変わるかもしれません。パートナーや自分の心変わりがしやすいときでもありますが、関係を見直すチャンスととらえましょう。疎遠になっていた人と再会して、関係が急展開することもあります。

もし、変わることが見つからなかったなら髪型や服装を変えてみましょう。見た目も変われば他人からの印象も変わり、新たな人間関係が生まれる可能性があります。

改革の年のポイント

・大胆な変化をせまられる年。視点を変え、柔軟に対応を

・親や先祖、師匠、上司などへの感謝の気持ちを持つ

・髪型を変えるなど見た目を変えると世界が変わる

【離脱の年】光があれば影も落ちる。陰陽の1年

これまで行ってきたことの結果がはっきりと表れる年。これまで努力を積み重ねてきた人は評価され、地位や名声を得るでしょう。反対に努力を怠ってきた人や、不正を行っていた人はそれが発覚し、評判を落として転落することもあります。

光が当たれば、影ができます。対人面においては、親しい人との別れを経験することもあれば、新たによい交友関係ができるなど環境が一変するかもしれません。

仕事においてはこれまでの成果が認められ有名になることもあるでしょう。**よくも**

悪くも注目を浴びやすいため、おごらず、謙虚に過ごすことが大切です。感性が研ぎ澄まされ、個性的なアイデアを思いつくため、企画力や提案力が評価されて活躍のチャンスが広がるでしょう。頭が冴えて的確な判断ができるため、次々と仕事は片付きます。

一方、仕事も家族との関係においても、**いままで継続してきたものをやめたくなる時期です。**転職をしたくなったり、夫婦関係を解消したくなったりするかもしれませんが、耐えましょう。よく考えて、それでも実行する場合は来年行いましょう。

愛情面では、**自分の感情に振り回されやすいため、冷静さを忘れずに接しましょう。**些細なことでケンカをして、それが離別となる場合もあります。

離脱の年のポイント

- **よくも悪くも注目を浴びる年。おごらず謙虚に過ごそう**
- **人間関係が一変する可能性も**
- **感情的になりやすい。冷静に向き合おう**

【ナインズ・エアーの実践　CASE5】

海洋関連事業　経営者

気の流れをつかめば、想像していない世界が拓ける

新規事業立ち上げで投資家の方々にお会いしているとき、信頼している方に「成功のためには、運の波に応じた動きも必要」と季世さんを紹介していただき、コンサルティングを受けるようになりました。月に1度のミーティングではそのときの運の流れを読んでいただき、動き出すべきタイミングや、人に会うのにベストな時期などに関するアドバイスをいただいています。

また、社員のパーソナリティーを知って関係をよくするために社員の気学鑑定も依頼。「この人はこういうタイプだから、このように関係を深めていくといい」といったお話をしていただくこともあります。

方位を見ていただきながら海外出張のタイミングをはかってもらうこともあります。新しく構えるアメリカのオフィスの引っ越し時期について、相談に乗ってもらったこともありました。**九星気学の方位は日本だけでなく海外でも通用するものなので、海外出張が多い私にとっては頼りになる手法ですね。**

あらゆる相談をしていますが、季世さんの助言に従って特によかったと思うのが、「方位取りをするとさらに運がよくなる」と言われ、自宅を引っ越したことです。

不思議なことに、引っ越した直後から人との出会いのチャンスが降ってくるようになり、まさに**ルートを開拓したいと思っていた方面の方から連絡があったり、大きな支援の話をいただくなど予想していない出来事が立て続けに起こったのです。**新規ビジネス立ち上げで、人との協力が欠かせない中、こうしたご縁をつなぐことができたおかげでビジネスが軌道に乗る見込みがつきました。アドバイスに従って素直に行動したことが、結果に結びついたのだと考えています。

最近では、「もう私が鑑定することは何もないわね」と言われていますが、継続してミーティングをお願いしています。会社経営をしていると人に相談できないことも多く、また**株主にはしづらいような話も季世さんにはできるので、大変貴重な場とし**

て毎月楽しみにしているのです。何よりも、季世さんに会うと元気がもらえるので、仕事のモチベーションも上がります。

特に、大切なプレゼンテーションを控えているタイミングで季世さんに会うと自信を持つことができます。市場で戦ってきた百戦錬磨の投資家の方に響くプレゼンをするためには、自分が行おうとしている事業がいかに人類にとって、世界にとっていいものなのか、本気で伝えていく必要があります。もともと自分の事業は必ず成功するという自信がありますが、**季世さんに背中を押してもらうような言葉をかけてもらうことで、迷いなくプレゼンができていると思います**。

世の中、予測通りにいくことはあっても予想をはるかに超えることって多くありませんよね。でも、そんな予想外の出会いには誰でも心が踊るはずです。いま進めている事業も、「予想を超えた世界」を感じてもらいたいと思っていますし、さらに大がかりな構想をあたためているところです。

九星気学も同じように、素直に流れに従うことで、これまでに見たことのない世界が拓けてきます。気の流れをつかむことで、自分が想像すらしていない方向に人生が動き出す。これが、気学の本質なのではないかと思います。

【ナインズ・エアーの実践　CASE6】

自動車販売・整備会社　経営者

99％無理だと思っていた資金調達が、風水を取り入れることによって可能に

お客様相手の商売においては、店舗の立地や在庫台数といったハード面だけでなく、運の流れのようなものも大きく影響を受けると考えています。このため、新店舗をオープンする際、友人に季世さんを紹介いただき、風水学の観点から敷地内の建物位置や形、そして内装のご提案をいただきました。もともと季世さんはインテリアデザイナーをされていて、図面をひくのはお手のもの。ファミリーが多く車を買ってくれるように、活気あふれる明るい会社になるようにとの願いをこめて、ゼロから図面を起こしてくれました。

「車を買って下さるのは親御さん世代が多くなりそうなので、飲み物のセレクトにも年配者向けのひと工夫を」「植物の景を取り入れると◎。鉢植え、造花、絵でも可」などすぐに実践できる具体的なアドバイスも助かりました。引っ越しの時期や開店日の候補もあげてくださったため、準備を万全にしてベストなタイミングでプレオープンを迎えることができました。

この効果は絶大で、プレオープン日は広告なども出していないのに**来客数が250組800人、1日で11台の車を販売するなど驚くような数字を記録し、幸先のいいスタートを切ることができました。**

また、季世さんに「吉方位にしばらく滞在する『方位取り』をしたほうがいい」と助言をいただいたため、会社から東南へ100キロほど離れた場所にマンションを借り、単身で引っ越しをしました。それが2019年のことで、方位取りから戻ってきていざ経営に邁進しようとしていたとき新型コロナウイルスが流行。遠方からのお客様の足が途絶えてしまい、売り上げが減少してしまいました。資金難に陥り銀行に相談するも新店舗オープンでお金を使っていたため資金調達が難しく、頭を抱えることになりました。

ある日、毎朝配信される季世さんからのメールが目にとまりました。そこには「ゴールが何か、再確認しましょう。頑固な態度だと動きが鈍ります。笑顔を心がけ、柔軟な対応を」と書かれていました。このメールを見たとき、資金調達のために自分が意固地な態度になっていることに気がつきました。そして、目的である「資金の調達」のためには銀行へのプレゼンの仕方をあらためる必要があると考え、銀行訪問日当日ではありましたが、資料を見直し、さらに相手に対して柔和な笑顔を向けるなど、話し方も変えました。

そんな行動も功を奏したのか、**銀行が三行まとまって資金を出してくれたのです。**銀行交渉している私からすると奇跡です。さらに奇跡は続き、政府系の金融機関も「それならこちらも貸しましょう」という流れになり、もともと考えていた以上の額のキャッシュを確保することができました。

実は、新店舗の内装をお願いした際、季世さんから「お金は銀行がたっぷり用意してくれる間取りにしました」と言われていたのですが、このときは話半分で聞いていました。**まさか本当に資金調達が可能になるとは、夢にも思っていませんでした。**

涙ながらに季世さんに報告したところ、何でもないように「私からすれば、純粋に家相通りの結果ですよ」と言われてしまい、あらためて家相の力、季世さんのすごさを実感しました（笑）

とはいえ、風水学の視点から図面を起こしていただいたり、吉方を取ったことが、こうしたミラクルにどのように作用しているのかは正直わかりません。ただ、自分の考えを整理したり、季世さんとの会話やメールの中で自分の過ちに気づかせてくれるという点では、確実に経営改善に結びついていると実感しています。

近々、店舗のリフォームも検討しているので、また季世さんに相談に乗っていただこうと思っています。

5 おわりに

私がクライアント様と接していて思うのは、九星気学は宝の地図のようなものだということです。

私は「これがあなたの宝の地図です」と提示することはできますが、実際に準備をして宝を発掘するのはクライアント様ご自身で、そこに関与することはできません。

宝の地図を信じるかどうかも、クライアント様の考えによります。

「お宝があるかわからない。でもとりあえず冒険に出てみよう」という人もいます。

意思決定を行うのはクライアント様ご自身であり、結局はクライアント様が思っていること、信じていることが未来をつくっていきます。

お宝発掘の旅に出るために、最も必要なことは何だと思いますか？

旅の資金でしょうか。それとも、周囲からの理解でしょうか。

私が考える答えは、**「自分は、自分の冒険に出るための流れに乗っている」と思える**

ことです。

「運の波に乗っている」

この自信さえあれば、信念に従ってご自身の力でどこまでも未来を拓いていくことができます。

九星気学を知って運の波に乗り始めると、急激な変化が起こることがあります。経験したことがないほど多忙になったり、大きなチャンスが舞い込んできたり、これまで関わりがなかったような世界の人たちのコミュニティーに入ることもあります。

そんなとき、「自分はまだそれほどの人間じゃない」「この人たちと自分は住む世界が違う」など自分でストッパーをかけ、これまでと同じ自分の思い込みの世界観で人生を生きようとすることがあるかもしれません。人間の脳は基本的に変化を嫌うため、現状維持をしようとするのです。

でも、そこで**覚悟を決め、人生のステージを上げてみると、これまでに見たことのない世界が広がっていきます。勇気をもって、一歩踏み出してみましょう。**

今回、6名のクライアント様にご協力いただきインタビューを行いました。「まさかこんなことが起こるなんて、想像を超える変化があった」という言葉をいただき、大変嬉しい限りです。

気学を取り入れたからといって、必ずしも劇的な変化があるわけではありません。

しかし、運が味方についていれば、**たとえ99%「無理」と言われていることでも逆転勝利できる可能性があります。**これが、もともと勝算があるゲームだった場合はどうでしょう。運の波に乗れば大勝利を狙えます。

また、パートナーからすると、相手が波に乗り変化していく姿には戸惑われるかもしれません。そんなとき、パートナーの方に伝えたいのは、「急に忙しくなったみたい。

もしかして浮気？」などと疑う必要はまったくありません。**進化していくパートナーを支えてあげられるのは、あなただけなのです。**

本書のサブタイトルは「種はまかなきゃ実らない」ですが、ここでの「まく」には、種を「蒔く」のほかに、「任《ま》く」という意味もこめています。「任く」とは、「任せる」という意味。どういうことかというと、**あなたがパートナーに信頼を寄せ、すべてを任せなければ、パートナーの運気が開花することもないのです。**

パートナーを信じて、重要な意思決定を任せる。そして、パートナーがどんな種を蒔けばいいのか考えるきっかけを与えてあげる。咲いた花を共に愛で、共に実りの季節を楽しむ。これが、人生の伴走者としてのあなたの役割です。

ぜひ、パートナーの運の波に寄り添ってください。パートナーの流れに乗って伴走すれば、あなたの想像をはるかに超える世界、光り輝く未来を見ることができます。

本書制作にあたり、ケーススタディーとしてインタビューに応じてくださったクライアントの経営者様、そのご家族、社員の皆様に心から感謝します。